新しいセックス

BETSY
監修／喜田直江

はじめに

はじめまして。セックスコラムニストのＢＥＴＳＹ（べっつぃー）と申します。実体験をもとにしたセックスとマスターベーションに関するコラムを執筆しながら、ハウツーアダルト動画の監修や、女性向けの性生活に関する講座の共同開催など、「性をヘルシーに語る」活動をしています。

この仕事を始めて9年になるのですが、この間にファッション雑誌では当たり前のようにセックス特集が組まれるようになり、女性向けアダルトグッズは「フェムテック」としてデパートなどに並び、誰でも当たり前に性生活を楽しんでいいのだという考え方が少しずつ浸透してきていることを喜ばしく思っています。

しかし、性に対するポジティブな考え方が広まってきても、実際のセックスが大きく変わったかというと、必ずしもそうではありません。多くの女性（もちろん男性も）はパートナーとのセックスに悩み続けているからです。

セックスについて語ることが当たり前になってきたのに、なぜ当事者である男女はすれ違うのか？　その理由に気付いたのが、ウェブメディアからの執筆依頼です。「『女性（男性）は、あなたがセックスでやっていることを本当はこう思っている』という内容で書いてもらえませんか」といった、ダメ出しの記事を求められることがとても多いからです。

どうやらダメ出し記事のほうがよく読まれるらしく、確かに、男性向けの媒体では「こんなセックスでは女性に嫌われる」、女性向けの媒体では「男性に引かれないセックスとは」といった記事が人気ランキングの上位には必ず入っています。

異性の意見を必要以上に気にすることは、私に届くお便りにも表れていて、「彼女にイラマチオをしてもらいたいのですが、女性はどう思うのでしょうか？」「私は濡れやすいのですが、彼にはどう思われていますか？」と、相手に直接聞かなければわかるはずもないことを、まったく無関係の私や、その他大勢に求めようとする傾向があるのです。いかに異性から嫌われないようビクビクしながらセックスしているのかがわかります。

聞くべき相手は目の前にいるのに、その大切な相手とは対話ができていないのです。私は、セックスがうまくいかない理由はここにあると思いました。

それなのに、セックスがうまくいかないことを責められるのはいつも男性です。誰からもセックスのやり方を教わったことがないのに、男性は初めてセックスするときからすべてを任せられます。こんなむちゃなことはありません。

下着はどう脱がせたらいいのか、何をどんな順番で進めていけばいいのか、まったく構造の違う男女の体をどう合わせたらいいのか。1から10まで、何もわからない状態で、すがる思いでAVを参考にしたのに、その結果、SNSでは、いかに男性がひどいセックスをして女性を悩ませているかと叩かれています。

確かに、AVだけをセックスの教材にするのは男性の甘えです。一方、共同作業であるセックスを男性任せにして、意見すら言わない女性にも責任はあります。きちんとコミュニケーションが取れていれば、どちらのせいだと責任を押し付けることはないはずでしょう。

そんな現実を見てきて、男女それぞれが正しい知識をつけて、ネット上の情報や伝聞、噂に惑わされず、きちんと相手と向き合ってセックスするためには、何をどう伝えればいいのだろうと考えてきました。女性向けにはこれまでに書いた600本以上の記事で少しずつ伝えているつもりですが、やはり男性にも知ってほしい。そんな思いで筆を取りました。

自分のセックスに自信がない方、今まで以上にセックスを楽しみたい方、セックスに興味のあるすべての方に満足していただけるよう、セックス情報を濃縮して詰め込みました。誰も教えてくれなかったコミュニケーションの取り方から、セックステクニックまで、本書を読めばセックスで困ることはなくなるはずです。ダメ出しされているように感じるかもしれませんが、男女それぞれの気持ちに寄り添って書いたつもりです。淡々と書き綴られた参考書だと思ってさらりと読み進めてみてください。

目次

第三章　タッチに目的を持つ

第五章　セックス質問箱

第一章　まちがいだらけのセックス

すれ違いを続けるセックス

筆者は、女性向けコラムを執筆する際に、友人や知人、読者からセックスに関する質問を募集しています。インターネットで受け取った質問は2000件以上。多いときには一日10件近くが届き、3日以上も何も届かなかった日はありません。内容は実にさまざまですが、そのほとんどは女性からのもので、男性パートナーとのセックスにおける悩みであふれています。

なかには、「男性をもっと気持ちよくしてあげたいです。そのテクニックを教えてください」「ふたりで使える大人のおもちゃを教えてください」といったポジティブな相談もありますが、大半は、男女のセックスにおける価値観のすれ違いによる悩みです。「本当はもっと前戯をしてもらいたいけどしてくれません。どうしたらいいですか?」「彼の愛撫が強くて痛いです。『痛い』とは言いにくいので、うまく伝える方法はありますか?」。

それほど深刻には見えませんが、問題は、相談主の女性が不満に感じていることについて、パートナーである男性は、まったく気付くそぶりがないことです。長くお付き合いしているカップルでも、実際は満足しているふりだけで、本当は不満だらけ。そもそもうまくいってないけど、「そんなものだろう」と初めから諦めている人がいかに多いことか、その数に驚きます。

「オーガズムギャップ」という言葉をご存じでしょうか。オーガズムギャップとは、異性愛者の男女間セックスでオーガズムを得られる回数には男女差があることを表し、「プレジャーギャップ」とも呼ばれています。

２０１８年にInternational Academy of Sex Researchの公式出版物に掲載された論文によれば、アメリカで5万人以上を対象とした調査では、過去１か月間のセックスで「毎回必ず」か「大抵」オーガズムに達した男性が95％なのに対して、女性は65％という結果が出ています（David A Frederick, H Kate St John, Justin R Garcia, Elisabeth A Lloyd. 2018 January. Differences in Orgasm Frequency Among Gay, Lesbian, Bisexual, and Heterosexual Men and Women in a U.S. National Sample.）。

この調査結果を知ったとき、私は「嘘でしょう？」と驚きました。今この本を読んでいる方も同感されるかもしれませんが、反対の意味だと思います。「65％の女性がセックスのたびにイッてるなんて多すぎる」というのが本音です。友人、知人から聞く話、コラム読者からの相談を通じて、男性とのセックスで日常的にオーガズムを感じることができている女性は半数以下だと類推しています。多くの男性のようにセックスのたびにいつもイケるとなると、多めに見積もっても3分の1程度でしょう。

国内ではオーガズムに関する大規模な調査が行われていないので、あくまで私の経験による推測ですが、日本人女性の半数以上がいつも「イッてる」とは到底思えないのです。

女性は本質的にセックスでオーガズムを得にくいと思っているかもしれません。しかし、この調査によれば、女性同士のセックスでは実に86％の女性がセックスのたびにオーガズムを得ています。男性とのセックスでオーガズムを得たことは一度もなくても、マスターベーションではいつもオーガズムを得ることができる女性が多いのも事実です。

オーガズムがセックスのすべてではなく、女性がセックスで必ずしもオーガズムを求めているわけではないのですが、事実としてセックスでは、男女が公平に快感を得られていいるわけではないと知ってほしいのです。

女性は男性のために演技する

男性とのセックスで性的満足感を得られていない女性が多いとはいえ、その責任をすべて男性に求めるものではありません。男女が公平に快感を得ることができないのは女性にも原因があるからです。

セックスはふたりが協力して快感を与え合う行為です。どうすれば気持ちよくなれるのか、何を不快に感じるのかを素直に話し、相談し合って、ふたりにとってベストなやり方を模索する必要があります。

つまり、自分の体の取り扱い方をお互いに伝え合うのです。ところが、多くの女性はセックス中に演技をしています。気持ちよくないときにも吐息を漏らし、喘ぎ声をあげ、絶頂感にはほど遠いにもかかわらず、体を硬直させ、呼吸を荒くしてイッたふりをしています。この手の演技は男性に「なるほど、こうすれば気持ちよくなるんだな」と誤ったメッセージを送ることになります。女性が演技を続ける限り、本当に気持ちよくなることはありません。

２０２２年2月に筆者がＳＮＳを通じて女性１０４人を対象に行った、セックス中の演技に関するアンケートでは、６割以上の女性が日常的に気持ちいいふりをしていて、約３割の女性は日常的にイッたふりをしていることがわかりました。

しかし、女性は演技したいわけではありません。気持ちいいふり、イッたふりをするのは、「男性から求められている気がするから」です。「気持ちよくなっていいんだよ」「イキそう?」といった、女性が気持ちよくなっていることを前提とした言葉、イクことを期待している言葉、またはそういった雰囲気から「気持ちよくならなきゃいけない」というプレッシャーを感じて演技をしているのです。

さらに、イッたふりをする理由で多かったのは、「気持ちよくないときや痛みを感じるときに、早く終わらせてもらうため」というものでした。女性に気持ちよくなってもらおうと男性が必死に愛撫しているとき、挿入中に早く射精してしまわないよう母親の顔を思い浮かべて耐えているときに、「気持ちよくないから早く終わってくれないかな」とイッたふりをしている女性がいるのです。

女性にとっては何の得もないのに演技をしてしまうのは、男性に嫌われたくないからです。パートナーの期待に応えたい、自信を持たせてあげたいと思って演技をしています。なぜこういったすれ違いが起きてしまうのでしょうか？

氾濫する誤った情報

日本では、セックスについて正しい知識を身につける機会がありません。自分から積極的に学び、試行錯誤しない限り、正しいセックスを手に入れることはできません。例えば、性教育では受精の仕組みを教わることはあっても、男性器を女性器に出し入れして射精することまでは学びません。

腟に男性器を挿入する下準備として前戯がどれくらい必要なのかを知らないままセックスするのが日本人です。私たちがお手本にしているのは、ハウツー本やエロ漫画、雑誌のセックス特集、アダルトビデオ、エロ動画、インターネット、ＳＮＳ、友だちや知人からの伝聞です。それらを収集して自分なりに解釈してセックスを経験します。
しかし、お手本にしているこれらのセックスは本当に正しいのでしょうか？

例えばＡＶやエロ漫画は、主に男性がマスターベーションをするときのオカズとして作られています。視覚的に興奮しやすいようにデフォルメされているので、女性を気持ちよくするための行為ではないものが数多く含まれています。そのため、実際に真似をしてしまうと、女性の心身にひどく負担をかけてしまうものさえあります。
エロ漫画にいたってはそもそも実現不可能な行為が描写され、女性器内部の構造が現実とは違っているものまであり、行動に移すと危険なものが多数あります。オカズはオカズとして頭の中で楽しむことに留めておきましょう。

最近では、インターネットでテクニックやハウツーを探す人も多いようですが、個人的な意見や伝聞、そのまた伝聞で書かれたものが少なくありません。筆者自身もネットでコラムを執筆し始めたころは、個人的な経験をもとにしていましたが、今では科学的根拠をベースに自分の経験を交えて書くようにしています。ネットではご存じのようにＰＶ数を稼ぐことが目的であり、危うい情報が氾濫しているように思います。

また、セックスに関する偏った情報や、男性間の伝聞に依拠していると、自分に都合のいい部分ばかりを選択してしまうこともあって問題です。例を挙げておきましょう。

・女性はクンニを恥ずかしがるのでしなくてもいい
・潮吹きは感じている証拠
・女性は濡れてきたら挿入ＯＫのサイン
・挿入は激しいほうが女性に好まれる
・男性が射精したらセックス終了

これらはほとんどまちがいです。セックスの経験が多い男性でも勘違いしている人は多いはずです。

さらには「男性はこうあるべき」といった性的な役割の押し付けや、日常的な刷り込みによって男性への心理的負担が大きいことも、男女のすれ違いを加速させています。例えば、「セックスをリードするのは男性の役目」「小さい男性器では女性を満足させることができない」といった前提は、パートナーと話し合いをする機会を減らし、必要以上に男性目線のセックスに繋がることになり、その悪影響は計り知れません。

セックスを語ることは恥ずかしい

男女のすれ違いが起こる最大の原因は、コミュニケーションの欠如です。パートナーとセックスについて本音で話し合う機会がなく、誤った情報をもとに、誤解したままセックスを続けている男女が大半なのです。また、一晩限りの相手や、関係が継続しなかった相手の場合、お互いの過ちを正すことがないままに、関係が終わってしまうため、誤解を解く機会がそもそもありません。

特に女性はセックスについてパートナーに語ることは恥ずかしい、はしたないとの思い込みがあって、言いたいことが、まず言えません。「クンニしてくれたら3分でイケるのに」「もう挿れちゃうの⁉　あまり濡れてないから痛くなりそう……」「なかなかバックでしてくれないけど、たまにはしてほしいな」と、心の中でいくら思っていても男性に表明することはなく、大事なことを伝えられないまま、モヤモヤを蓄積させているのです。

もちろん男性も同じです。本当は言いたくても女性に遠慮しているケースが少なくないでしょう。「歯が少し当たっているけど、我慢できなくはないから黙っておこう」「ちょっとだけ乳首に触ってもらえると復活しやすいんだけどお願いしてもいいのかな」「デートのたびにセックスしたいけど、そんなことを言ったら体目的だと思われるかも」などと、我慢していることがあるかもしれません。

「舐めてほしいな」「ごめん、ちょっと歯が当たってる」と、言葉にすれば5秒で伝わることを遠慮してしまった結果、もどかしさを募らせ、誤解が生じ、ふたりの関係に知らないうちに亀裂が入ってしまうのです。

「新しいセックス」を試そう

そこで、筆者が提唱するのが「新しいセックス」です。

一般的な男性向けのセックスハウツーは、「女性が感じるスポットはココとココ！　押してポイントをゲット！」「キスをスタートに手順通りに進んで射精というゴールを目指そう！」と、ロールプレイングゲームの攻略本のような印象を受けます。

しかし、人間の体は複雑にして千差万別なので、攻略法なるものは通り一遍にすぎません。女性の性感帯がどこなのかを知っているのに、指や舌や男性器による摩擦で刺激すればいいことを知っているのに、女性を満足させることができず、結果的に多くの女性が演技を強いられています。

本書では、男女ともに満足度の高いセックスができるよう、これまでセックスのお手本にしてきたものとはまったく異なる視点からセックスのあり方、やり方を提唱しています。基本はとても簡単。「しゃべるセックス」「タッチに目的を持つ」「新しいピストン」という3つのシンプルなルールをもとにしています。どれも難しいことではなく、ほんの少しこれまでの意識を変えて行動するだけ、正しい知識を持つだけであなたのセックスは大きく変わることになるでしょう。

第二章　しゃべるセックス

サイレントセックスの怪

筆者がセックスコラムニストだということがわかると、初対面の人からもパートナーとのセックスについて相談されることがあります。話を聞いてみると「彼が前戯をしない」「彼女の男性器への触れ方が雑で痛い」などの不満を抱えているにもかかわらず、それを伝えることができないまま性生活を続けている人が多くて驚きます。

どんなに自己主張が得意な人でも、どんなに仲のいいカップルでも、下ネタが大好きな人でさえ、パートナーとセックスについて語るのはタブーになっているのです。自分の性欲や、セックスに求めることについて語り合うことなどもってのほかで、トラブルを抱えていても気付かないふりをして関係を続けているのが現状です。一緒に住んでいるわけではないのに、セックスレスになるカップルが多いのも納得です。

不思議なのは、デートの飲食店選びなら「最近はジャンクフード続きだったからヘルシーなものを食べたい」と言うことはできても、「最近前戯をあまりしてくれないけど、たまにはじっくり触ってほしい」とは言えないことです。肩をマッサージしてもらって「痛っ！　ちょっと優しくしてくれる?」と言うことはできても、セックス中に痛みを感じても黙って我慢してしまうのです。

なぜ大切なパートナーとさえセックスの話ができないのでしょうか。

私自身の経験でも、セックスが始まると途端に黙りこむ男性が多いです。クライマックスが近づき、快感に夢中になるあまりしゃべる余裕をなくしているのなら理解できます。しかし、セックス中に「しゃべれなくなる呪い」にでもかけられたかのように、最初から最後まで頑なに会話をしない人がいます。ペラペラしゃべるようなムードでないのはわかりますが、あまりにセックス中に静かすぎるのはかえって不気味です。

黙って隣に座り、腰に手を回し、何も言わずに顔を近づけてキスをするのがセックス開始の合図。服を脱がしていくときも、ブラジャーのホックが思うように外せないときでさえも無言です。

こちらから声をかけても「うん」か「いや」の短い返事しか返ってきません。フェラチオや手コキを求めるときでさえ、黙って顔の前に男性器を突き出し、手をつかんで自分の股間へと誘導します。
私が愛撫している最中、どんなにがまん汁を流していてもうんともすんとも言いません。黙ってコンドームを装着し、挿入を開始。体がぶつかり合う音と私の喘ぎ声だけが部屋に響きます。体位を変えようとするときにも、突然膣からズボッと男性器を引っこ抜き、無言で私の腕を引っ張って体を起こします。さすがに射精の瞬間は声を上げるだろうと思いきや、何のお知らせもないままセックス終了、という徹底ぶり。

これはさすがに極端な例ですが、これに近いタイプのセックスをする人は数多く存在します。本人にとっては、これが「普通のセックス」なのでしょうが、これほど不自然で気まずい「サイレントセックス」であれば、お互いの要望を伝え合い、確認するコミュニケーションが足りないのは当たり前です。セックスに悩みが尽きないわけです。

「ムードづくり」「リードすべし」ではない

セックスするまでの時間や、セックスが終わってからであれば、リラックスして楽しく会話することができるのに、セックスしている時間だけ押し黙ってしまうのは、多くの人が雰囲気なるものを重視しすぎているからです。

巷にあふれるセックス情報に「セックスは雰囲気づくりから」と書かれているのをよく見かけます。黙っていることがムードづくりとイコールではないのですが、ロマンチックな雰囲気をつくるのが苦手な日本人にとっては、余計なことをしゃべって雰囲気を壊さないことが、雰囲気づくりという意味になっているように思います。しかし、必要なことを伝えられないサイレントセックスが「いい雰囲気」とは言えないことはまちがいありません。

セックスは男性がリードすべきとする暗黙のルールもまた、サイレントセックスの要因のひとつです。男性は無意識のうちに「最後までリードしなきゃ」「男として女性を感じさせるべき」「セックスを完遂しなければならない」などと重圧を感じていて、そのことにとらわれすぎるあまり、しゃべる余裕を失っているのではないでしょうか。

男性がリードすべきというルールはありません。どちらか一方がリード役を務めなければばならないという決まりもありません。コミュニケーションを取りながら、ふたりで協力して進めていけばいいのです。このことが世間にもっと広く認識されれば、精神的な負担も減るでしょう。

「ムードづくり」と同様、この手の前提は忘れてしまいましょう。これまでの「〇〇すべし」というハウツーは捨て去っても何ら問題ありません。

サイレントセックスの弊害

無言を貫くサイレントセックスは、弊害しかありません。もしかすると、今感じているセックスのトラブルも、原因はサイレントセックスかもしれません。主だったデメリットを順に挙げていきましょう。

①セックスに集中できない

黙っているほうが快感に集中できそうですが、実際はその反対です。あまりに静かすぎると、セックスしている自分の姿を客観視してしまいます。相手からどう見られているのか、女性として（男性として）正しく振る舞っているか、喘ぎ声が不自然ではないかなど、余計なことが気になって快感に集中できなくなります。

②本音を言えない

不自然なほど無言でいると、相手に「言葉を発してはいけない」と思わせるプレッシャーになります。「次は別の体位にしよう」と言うにも気が引けますし、ましてや「痛い」「あまり気持ちよくない」などとは絶対に言い出せない雰囲気をつくってしまいます。相手が奥手で遠慮がちな性格なのではなく、何も言わせないようにしているのは男性側の無言のプレッシャーなのかもしれません。

③お互いの好みがわからない

一般的に性感帯と呼ばれる部位はあっても、どのような刺激で快感を得られるかには個人差があります。また、相手のことを思って気持ちいいふりをしてしまう人も多く、反応の仕方もそれぞれなので、いくら知識と経験が豊富でも、感覚だけで相手が本当に感じているかどうかを正確に判断することができません。

④まちがった知識を正すことができない

「潮を吹くのは感じている証拠」などと、まちがった知識のまま年齢を重ねている男性に遭遇することがあります。これまで誰からも誤りを指摘してもらえなかったのでしょう。サイレントセックスでは、相手のまちがいを指摘することが難しいので、いつまでも同じ過ちを繰り返してしまいます。

⑤セックスがルーティン化する

言葉を交わすことのないサイレントセックスでは、「次はこんなプレイをやってみたい」とか、「ネットで見たおもちゃを使ってみたい」というように、お互いの意見を交換するタイミングがありません。リードを任されている側は、初めのうちはマンネリ化を防止するために試行錯誤していても、そのうちに面倒になり、気がつけばいつも同じ始め方、同じプロセスの前戯、同じ体位でフィニッシュ。黙々と作業をするようなルーティン化したセックスになることがあります。

⑥喜びを共感できない

誰かと一緒に食事をするときに、感想を分かち合いながら食べると、楽しさが増します。それはセックスも同じです。セックスで得られる喜びは、快感を得ることだけではありません。相手と向き合って一緒に楽しんでいることを確認することでも喜びを感じています。声や表情でも喜びを表現することはできますが、そこに言葉を加えることで、より深く共感し合うことができます。いくら気持ちよさそうな声を出していても、体が反応するのを感じていても、言葉がなければ、黙々と食事しているのと同じです。

⑦緊張しすぎる

セックス中にしゃべることで緊張感がなくなるのでは、と心配する人がいるかもしれません。しかし、逆です。しゃべることでリラックスできます。そして、セックスにおいては、緊張感は邪魔です。緊張が強すぎるとうまくいかないのがセックスなのです。

男性は、緊張や興奮が強すぎるとなかなか勃起しません。これには自律神経が深くかかわっています。自律神経には、昼間や興奮しているときに働く「交感神経」と、夜間やリラックスしているときに働く「副交感神経」があり、この2種類の自律神経が24時間バランスよく働くことで、循環器や呼吸器などあらゆる器官が正常に機能します。勃起するのは、自律神経が副交感神経優位になっているとき、つまりリラックスしているときです。緊張しすぎて交感神経優位になっているときには勃起しにくくなります。初めてのセックスや憧れの女性とのセックスでも、男性が勃起しないことがあります。これも焦りから交感神経が優位になってしまうからです。

女性も同じように、セックスに必要な膣の濡れも、自律神経が副交感神経優位になっているときに起こります。前戯しても女性が濡れていない場合は、緊張しすぎているのかもしれません。また、自分が濡れていないことに気付いて、そのことに焦ってますます濡れにくくなることもあります。

欠かしてはいけない3つの言葉

「セックスに言葉なんていらない。体で感じればいい」なんて思っている人がいるとすれば、それは危険です。相手が本当はどう思っているかを知っている気になって、自己中心的なセックスをしている可能性が高いでしょう。言葉にせずともお互いの気持ちが通じ合うのは、言葉でのコミュニケーションを繰り返し、お互いの理解を深め合えたからこそできることであって、相当な努力が必要です。

とはいえ、これまでサイレントセックスをしてきた人にとっては、セックス中にしゃべろうと言われても、どんなタイミングに何をしゃべればいいのかわからないでしょう。まずは基本として、次の3つのシーンだけは絶対に言葉を欠かしてはなりません。

①セックスに誘うとき

恋人や婚姻関係にある相手でも、いつも同じタイミングでセックスをしたいとは限りません。ですから、当然セックスできるものとして、何も言わずに体をまさぐり始めるなど、無言突撃型の誘い方をするのは論外です。

この手の誘い方で困るのは、相手からすると、いつ、どんなときに突撃してくるのかがわからないことです。思いがけないタイミングなので断りたいときも、すでにセックスが始まっているケースもあって断りにくくなります。断られるほうも、すでにセックスをする気満々になっているだけに、気まずさを感じるはずです。夫婦や同棲中のカップルでセックスレスに悩んでいる場合、この無言突撃型のセックスがパターン化していることが原因になっている可能性があります。

セックスに誘うために、ロマンチックなデートをしたり、部屋にキャンドルをともしたり、耳元でセクシーな言葉を囁くべきだとは思っていません。ただ、セックスをするかどうかはきちんと言葉にして、お互いの意思を尊重してください。

「する?」「今日はどう?」などとひとこと、明るくサラッと誘うのでも構いません。少しずつお互いの好みの誘い方、誘われ方を教え合えるといいでしょう。特別な合言葉や合図を話し合って決めるのもおすすめです。

②セックスの最中に相手の体を動かすとき

相手に体勢を変えてもらいたいときに、無言で体を引っ張ったり押したりしていませんか。セックスをうまく進めていくために相手の動きを誘導しているつもりなのかもしれませんが、何も言わずにそれをやってしまうと、体を雑に扱っているような印象を相手に与えます。「起き上がれる?」と聞いてから手を引いてあげる、「バックする?」と聞いてから自分で転がってもらい、体勢を変えるのをサポートしてあげるだけで、とても丁寧で優しい印象になります。

③中断／再開するとき

セックスの途中で、勃起がおさまったり濡れなくなったりしてセックスの継続が難しくなることは、誰にでも起こり得ることで、決して恥ずかしいことではありません。休憩をはさみたくなることもあれば、場合によっては中止せざるを得ないことだってあります。
しかし、中断したいと思ったら必ず相手に伝えてからにしてください。セックスはふたりで協力し合って楽しむものです。理由も言わず、中断することさえ伝えずに、勝手にセックスを止めるのはルール違反です。

挿入中に中折れした男性が勝手に膣から男性器を抜いて、無言でベッドに横たわったことが過去に何度かあるのですが、ちょっと想像してみてください。騎乗位で腰を振っていた女性が、少し疲れた様子を見せたかと思うと突然中断し、布団をかぶってくつろぎ始めたらどう思いますか？　驚きますよね。勃起したままの男性器を持て余して残念な気分になるはずですし、満足させられなかったのは自分のせいかもしれないと心配になるでしょう。

多くの人にとってセックスは不安だらけです。思わぬことが起きたときに自分のせいかもしれないと悩みます。「彼が中折れしたのは私に魅力がないから」「彼女が途中で濡れなくなったのは自分の男性器が小さいから」と悩み続ける人もいます。そういった心のすれ違いを解消するためにも、言葉で伝える、しゃべることがとても重要なのです。

中断したいときは「ごめん、ちょっと疲れちゃった。少し休んでもいい？」と声をかけるのがルールです。もしも相手がすごく気持ちよくなっているタイミングで、やむを得ず中断するときには、別の方法で気持ちよくさせてあげてから「少し休もうか」と声をかけてもいいでしょう。

また、再開したいときは、無言で始めようとするより「もう一回しようか？」とひとこと聞いて相手の意見も確認するようにしてください。

言ってはいけない言葉

セックス中はしゃべってコミュニケーションすべきですが、何でもかんでもしゃべればいいというわけではありません。なかには、セックス中にはふさわしくない言葉もあります。言うべき言葉に続いて、言ってはいけない言葉を列挙します。

①セックスと関係ない話

「最近、会社でこんなことがあって……」「うちの近くにできたラーメン屋が……」などといった、セックスに関係ない話題は興ざめです。セックスが終わってから話しましょう。

②身体的特徴

相手が傷つく可能性のある身体的特徴に触れるのはNGです。「ビラビラが大きいね」「すごい色だね」など、悪気なく言われた言葉に傷つき、その後もずっと自分の体に悩み続ける人もいます。性別に関係なく、生まれ持った体の特徴について触れられるのは不快です。言葉にする前に、相手がそれを言われてどう感じるのかを考えましょう。「最近、太った?」など、わざわざセックス中に指摘しなくてもいいことも控えてください。

③誰かと比較する

ほかの誰かと比較されるのは、いくら褒め言葉だとしてもあまり嬉しいものではありません。特に、セックスに関しては比較されるとショックが大きいです。口が裂けても「元カノはこんなことをしてくれた」などといった比較は慎みましょう。

④AVのセリフ

「こんなに濡らしてスケベだな」「どこに何が欲しいか言ってみて」といった、AVをそのままコピーしたようなセリフや不自然な言い回しも避けましょう。芝居の中だから通用するのであって、リアルなセックスでそんなことを言われると噴き出してしまいそうになります。エッチな言葉を言わせようとするのも、淫語が苦手な人には苦痛でしかありません。淫語を使うプレイをしてみたいなら、そのことについて話し合えるようになってからにしましょう。

⑤頭を使う質問

相手が何を求めているのかを知るために「どうされたい？」と聞きたくなるかもしれま

せん。私も実際に何度も聞かれ、また聞いたこともあります。しかし「どうされたい？」だと抽象的すぎて、好みのプレイを答えるべきなのか、今触られたいところをひとつ挙げるべきなのかがわかりません。さらに、本音を答えるべきなのか、期待に応えてエッチなことを言ったほうがいいのか考える必要があります。こういった頭を使わせる質問は、せっかくセクシーなムードに浸っていても、現実世界に戻されてしまうのでおすすめしません。

セックス中のコミュニケーションが当たり前になってからであれば「今日はどうされたい？」にも答えやすくなると思いますが、普段サイレントセックスをしている人にとってはハードルの高い質問です。「クリトリスを舐められるのと指で触られるのはどっちが好き？」「これはちょっと痛い？」など、あまり深く考えずに答えられるもの、短い言葉で答えられるものから始めてみましょう。

⑥質問攻め

嫌な思いをさせたくないという優しさから、ちょっと触り方を変えるたびに「痛い？」

「気持ちいい？」「どう？」と何度も聞いてしまうと、セックスに集中できなくなってしまいます。

痛くないか気になるなら、何度も聞いて確認するよりも、常に表情や体の動きを見て変化に気をつけてみてください。刺激を変えたタイミングで鋭い声が出たり、眉間にしわを寄せたりと、急な変化が見られたときに「痛い？」と聞けば大丈夫です。あらかじめ「痛いときは教えてね」と言っておくと、痛くなったときに言いやすくなります。

【しゃべるセックス】初級編「現状を伝える」

サイレントセックスをやめようと思っても、今日からすぐ自然にしゃべれるようになるものではありません。また、これまでにサイレントセックスをしていた人が急にしゃべり始めると、パートナーは驚くかもしれません。まずは欠かしてはいけない言葉、言ってはいけない言葉を頭に入れたうえで、自然にしゃべれるように簡単なものから実践していきましょう。ポイントは、現状を伝えることです。

①声を出す

普段サイレントセックスをしている人は、声を出さない癖がついてしまっているのか、気持ちいい時に自然に出てくるはずの吐息や声もかなり控え目です。ビンビンに勃起してがまん汁まで流しているのに、声を漏らさないのは怠慢です。女性は、男性が気持ちよさそうな表現をしてくれると、見ているだけで嬉しくなりますし、もっと気持ちよくしてあげたいと感じるものです。「はぁぁぁ」と吐息を漏らしたり「ウッ」と声を詰まらせたり、若干の誇張をしてでも気持ちよさを相手と共有するよう努力をしてください。

②感想を言う

セックス中に「気持ちいい」と何回言っていますか。「気持ちいい」は最もシンプルでポジティブな感想です。女性は何度言われても嬉しい言葉なので、恥ずかしがらずにどんどん言いましょう。

「これ気持ちいいね」「うわぁ気持ちいい！」「ダメだ、気持ちよすぎる」「気持ちよすぎてバカになっちゃう」「もっと気持ちよくなりたい」「ヤバい……こんなに気持ちいいのは初めてかも」など、バリエーションもつけやすいです。「気持ちいい」をひたすら連呼するのも本気度が伝わってきます。
「気持ちいい」以外にも「興奮する!」「すごいエッチな表情してるね」「奥に当たってる」「すごく締まってる」「我慢できなくなっちゃう」など、感想の言葉はたくさんあります。実況中継のようにその場で感じるままに口走ると、よりリアリティのある言葉になります。

少しであれば、頭が使いものにならなくなったような言葉を口走っても大丈夫です。むしろ、気持ちいいほど、変な言葉が出てくるものです。普段は誰にも見せないおかしな姿まで見せることで「こんな姿を見せられるのはあなただけ」と女性に愛情を伝えることができます。

③ピロートーク

セックスの最中、緊張してしゃべりにくい場合は、ピロートークから始めてみるのもおすすめです。セックス直後は、緊張から解放されてリラックス状態になっています。セックスの余韻にひたっていたい女性も多いはずです。ここで日常の話題に切り替えるのはかえって不自然です。セックスを振り返ってフィードバックしてみましょう。

「気持ちよかったね」「最後のほう、強くしちゃったけど痛くなかった？」「もしかして背中も感じてた？」「体位はどれが一番好きだった？」と、セックス中に気になったことを聞く絶好のチャンスです。

ベッドの上で丸裸のままでいると、徐々に現実に引き戻されて恥ずかしくなってくるので、布団をかけて肌が触れ合う距離で会話するのがポイントです。腕枕の体勢がつらければ、横向きになって後ろからハグするのもおすすめ。体の密着度が高く、ふたりの親密度が高まります。

【しゃべるセックス】中級編「相手とやり取りする」

初級編は、いま起きているポジティブな状況を相手に伝えることだと述べました。中級編は、パートナーとやり取りすることを目的とします。

①褒める

セックス中はもちろん、日常的にパートナーを褒める習慣のある人は稀でしょう。褒めることを照れくさく感じるかもしれませんが、褒められて嫌な気分になる人はいません。素敵だと思うことはどんどん伝えましょう。

セックスでは、ほとんどの人が自分の体やテクニックに何かしらのコンプレックスを持っています。そのせいで不安や緊張を取り除けない人もいます。しかし、褒められ続けることで少しずつ自信が芽生え、解放感のあるセックスを楽しめるようになります。

「可愛いね」「髪きれいだね」「おしゃれなネイルだね」など外見や身に着けたものを褒めるのも悪くないのですが、取ってつけたように聞こえてしまうかもしれません。おすすめは「今のその顔すごく可愛い」「その指の動きがたまらない」「そんな可愛い声を出されたら我慢できなくなっちゃう」「なんでそんなにキュンキュン締めちゃうの？」と、セックス中の行為にからめて、感想を言うように褒めること。そうすると、相手に気持ちが伝わり、真実味が出るので心に響きます。

初めのうちは、どこを褒めればいいのかわからないでしょう。しかし、毎回何かひとつでも褒めようと意識しているうちに、相手のいいところを見つけようとする癖がついてきます。それに、慣れてくると、相手が何を褒められたがっているのかがわかってくるようになります。また、褒められて気分がよくなる体験を重ねていくと、相手も褒めたいと感じるようになるので、お互いに褒め合う習慣ができます。つまり、セックス中に相手とやり取りすることができるのです。

②リクエストする

してもらいたいことがあれば、言葉でリクエストしましょう。無言で手首を取って股間を触るよう誘導したり、顔の前に突然男性器を持っていくような行為は、相手からすればまるで命令されているようで不快です。主従関係を伴うプレイでもない限り、そのようなことは避けましょう。「触って」「舐めてほしいな」とひとこと添えるだけで印象は大きく異なります。

遠慮してリクエストしないのは、もったいないと知りましょう。例えば、「乳首も舐めて」とお願いされれば「なるほど、乳首も感じやすいんだな」と相手をより知ることになり、信頼してくれていることを実感することができます。

自分からリクエストするのは恥ずかしく、断られるかもしれないと不安になるのは皆、同じです。自分から率先してリクエストしていくことで「お願いしてもいい間柄なのだ」と相手に実感させ、気軽にリクエストし合える関係を築いていきましょう。

ただし、誰にも許容範囲というものがあります。相手が拒否反応を示した場合には諦めましょう。その場合、たまたまその相手にとっては許容できなかったということです。人格を否定されたわけではないので、傷つく必要はありません。

【しゃべるセックス】上級編「ネガティブを伝える」

セックス中にしゃべることに慣れて、お互いにやり取りができるようになると、これまで遠慮して伝えられなかったこと、ひとりで抱えていたセックスの悩みを伝えられるようになります。

①ネガティブな感情

セックスで一番言葉にしにくいことは「痛い」「気持ちよくない」「これは苦手」などのネガティブな感情です。「今日はセックスしたくない」も該当します。それらの言葉で相手のプライドを傷つけないか心配のあまり、言えないまま我慢している人がいます。しかし、不満をため込むのはよくありません。我慢が限界にきたときに、セックスレスや別れのきっかけになってしまうこともあります。

ネガティブな感情も、言い方にさえ気をつければ、相手を傷つけることなく伝えることができます。「男はタマを引っ張られたら痛いんだよ。そんなことも知らないの？」と言えば相手を強く批判することになりますが「僕はタマを引っ張られるのは苦手なんだよね」と言えば傷つけずに伝えることができます。「表面を撫でてもらうほうが気持ちいいかも」と付け加えれば、個人的な好みを伝えるだけなので、指摘されたとすら思いません。

セックスを断るときも「疲れているから今日は無理」よりも「今日は疲れているからできそうにない。ごめんね。次の土曜日には時間をつくるからそのときにしよう」というように、勇気を出して誘ってくれたのに申し訳ないという気持ちとともに代替案を出すことで、断られたショックを軽減することができます。いつもより多めにスキンシップを取ることも忘れないようにしましょう。

また、普段のセックスでも褒めたりリクエストをしたりと、ポジティブな言葉を多く使う習慣があれば、仮にネガティブな言葉を発してもダメージは比較的小さくなります。

②性の悩み

これまでに多くの人からセックスの悩みを聞いてきました。女性器の潤いが足りず挿入しにくいこと、勃起を維持できず中折れすること、腟内射精障害、性欲減退などに悩みながらも、パートナーと話し合うことができない人の多さに驚かされています。

わざわざ周りの人に言わないだけで皆、何かしらセックスに悩みや不安を抱えています。友人に言いふらす必要はありませんが、セックスのパートナーにはぜひ打ち明けて相談してみてください。自分だけの問題だと思っていても、実際には相手も心配していて「セックスがうまくいかないのは自分のせいなのかも」と密かに悩んでいるケースもあります。

場合によっては医療機関に相談する必要もありますが、パートナーの理解があるかどうかで心理的負担はかなり軽減されるはずです。

③セックスファンタジー

「ソフトＳＭにチャレンジしてみたい」「本当はアナルセックスもやってみたい」「好きなアニメのコスプレでセックスしたい」などのセックスファンタジーがあっても、パートナーに伝えることができていない人が多いのではないでしょうか。

セックスファンタジーを伝え合うのは、秘密を共有すること。仮にプレイに移さなかったとしても、どんなファンタジーを密かに楽しんでいるのかを打ち明けるだけで、親密な時間を共有することができます。

セックス後のピロートークなら「実はソフトＳＭに興味があるんだけど……」と自然に話題にすることができます。「ソフトＳＭ」というワードだけで想像がつかない場合、すぐには興味を持ってもらえないかもしれません。ソフトＳＭとはどのレベルを指しているのか、痛いことを含むのか、道具は使うのかなど、詳しく話したうえで、スマホを使ってイメージ写真や動画を見せるのもいいアイデアです。

ここまでしゃべることができるようになれば、確実にサイレントセックスからは抜け出しているはずです。大切なのは、自分が言いたいことを一方的に何でも言うのではなく、ふたりにとってお互いが自然にしゃべれる環境づくりです。まずは「現状を伝える」「相手とやり取りする」「ネガティブを伝える」の3要素を意識して、自分からしゃべることで言葉のコミュニケーションをとってもいいのだということを示しつつ、相手の言葉もしっかり受け入れて、いい環境を整えていきましょう。

第三章　タッチに目的を持つ

「イカせよう」とする「テクニック」は効かない

男性が「セックステクニック」としてやっている行為は、実は効いていないことがほとんどです。その理由は、テクニックを習得しようとする際に、女性の体の構造や神経分布を学ぶことなく、女性を「イカせよう」とする視点で語られたテクニックを用いているからです。

それらを代表するのが、手で膣を激しくかき回す「潮吹き」、膣内に複数の快感スポットがあるとして宝探しのように探し回る手マン、そしてまちがった二点攻め、三点攻めです。これらの「テクニック」は無効だとは言いませんが、まちがった情報をもとにしたものが多く、見よう見まねで実行することで、知らないうちに女性の心身を傷つけているケースが多いと思います。

女性からすれば、自分を気持ちよくしてくれようと頑張っているパートナーに対して「気持ちよくない」「痛いからやめて」と否定することが苦手です。喘ぎ声をあげたり、早くやめてもらうためにイッたふりをしたりするのは、前述した通り。

そして、男性に「効果あり」と思わせてしまう悲劇が起こります。何も言わずに我慢して「サイレントセックス」になってしまうのは、女性にも問題はありますが、新しいテクニックを試してみたいときは、きちんと言葉でコミュニケーションを取りながら「しゃべるセックス」を実践してください。

「痛い愛撫」は深い傷を残す

セックステクニックを学ぼうとすること自体は素晴らしいことです。自分だけでなくパートナーにもっと気持ちよくなってもらいたいと願う気持ちはぜひ持ち続けてほしいと思います。しかし、相手に気持ちよくなってもらうことと、イカせることはイコールではありません。女性をイカせようとテクニックに走りすぎるのはとても危険です。

目の前にいる女性の反応や言葉よりも、テクニックを妄信してしまうからです。女性が痛みで眉間に皺を寄せているのに、「感じているにちがいない」と気持ちをまったく考慮せずに、「開発されればより気持ちよくなるはず」と強引に続けてしまう人がいます。嘘みたいな話ですが、女性からよく聞く報告です。

テクニックを妄信することは、ふたりの性生活を崩壊させる可能性があります。第二章で述べたように、セックスで快感を得るためには適度にリラックスすることが重要です。
しかし、相手が望まないことを「気持ちよくなるためのテクニック」として強行している場合は、女性が安心して体を預けることができなくなります。

「また痛いかもしれない」と常に心のどこかで心配しているのは、リラックスとは無縁の状態です。一度このような懸念を抱くと、安心して体を預けてもらうまでにはかなりの時間が必要になります。

また、セックスのたびに繰り返し痛みを与えてしまった場合、その部分の神経が過敏になって、ますます痛みを感じやすくなることもあり、その女性の性生活に大きな傷を残してしまうこともあります。

前戯とは「女性器が膨らむ」ということ

一般的に、セックスでは挿入がメインで、前戯は挿入前の下準備だと考えている人が多いのではないでしょうか。そのせいでセックスの回数を重ねるごとに前戯がルーティンになり、時短化する男性も多いと思います。前戯はもちろん挿入する前の準備でもありますが、単純に男性が勃起し、女性が濡れれば準備が整ったというわけではありません。

男性は挿入中にしっかり勃起が維持できるよう「芯の入った」硬い状態になり、女性は男性器を挿入しても膣が傷つくことのないよう粘膜をふかふかの布団のようにふっくらさせて、外陰部も膣も潤いで満たした状態にならなければなりません。
つまり、骨盤内に十分に血液が集まって、あらゆるパーツが充血して膨らむまでは前戯することが必要なのです。そのためには、手抜きをせず、しっかりと時間をとって感じさせなければなりません。「女性器が膨らんだ」と実感できるまで前戯をして感じさせることを毎回やっているでしょうか。

前戯は挿入の準備だけではなく、お互いの体の取り扱い方法をセックスを重ねるたびに知っていく大切な工程であり、ふたりの親密さをより深めるスキンシップの時間でもあります。たまには興奮にまかせて前戯を省略することもあると思いますが、前戯の大切さは忘れないようにしましょう。

すべてのタッチに目的を持つ

男性のセックスが上手かヘタかを決めるのは前戯です。両者の差は、テクニックの数や経験人数ではありません。相手を観察して頭を使い考えながらやっているか、何も考えずに自分がしたいことを適当にやっているかの違いです。

舌を大胆にねじこんでベロベロとかき回すキス、やたらと乳首をつまみ繊細なクリトリスを指先でカリカリひっかく無神経なタッチ、膣に指をズボズボ出し入れする手マン。多くの男性がこういった前戯をしていますが、「クリトリスはこすればいいんでしょ?」「手マンは男性器みたいに激しく出し入れすれば感じるよね?」といった程度の、思考力ゼロの愛撫です。体のあちこちを触れられると、パブロフの犬のように、自動的に乳首やクリトリスが勃起して膣が濡れます。しかし、これではただ勃っただけ、濡れただけです。震えるような快感で気持ちよくなった状態ではありません。

男性も「サオは握ってゴシゴシ、亀頭は舌で舐め回したら気持ちいいんでしょ?」といった程度の認識でフェラチオをされるより、「サオは手のひらで優しく包み込んで、裏筋が突っ張らない程度に包皮をゆっくり上下させながら、温かい口の中でヌルヌルした舌を裏筋からカリに這わせよう」と考えている人から愛撫してもらったほうが気持ちよくなれそうだと思いませんか？

愛撫に必要なのは、明確な目的をもって、それに合わせた手段を取るということです。つまり、どこを、どうやって、どれくらいの強さで、どの程度の速さで、どれほどの時間をかけて愛撫するのか考える、ということです。人の体に触れるときには、このように必ず明確な目的を持った触れ方をする習慣をつけてください。

きちんとした目的がないまま体に触れられても気持ちよくなりません。適当に乳首をつままれたり、クリトリスをこすられるくらいなら、自分でおもちゃを当てるほうがずっと気持ちいいのです。

とはいえ、急に「目的を持ったタッチ」ができるようにはなりません。知識が必要です。性感帯の特徴や女性の体の特性を知ることで、初めて目的を持って体に触れることができます。女性の体を愛撫する方法を説明する前に、目的を持ったタッチをするためには6つのポイントがあります。知るだけで、今までやってきた愛撫が劇的に変わるでしょう。

①性感帯の個人差は想像よりも大きい

セックスがマニュアル通りにいかないのは、女性の感じ方にはとても大きな個人差があるからです。男性にももちろんありますが、女性のほうが多岐にわたると断言して差し支えありません。

一般的にクリトリスへの刺激が好きな人が多数派だと言われていますが、クリトリスへのタッチの強さにも好みがあり、限りなくソフトなフェザータッチを好む人もいれば、強めに押しつぶしながら素早くこすられるのが好きという人もいます。また、クリトリスよりも膣内への刺激を好む人もいますが、こちらも指1本挿入しているだけでいい人もいれば、多くの女性が嫌う激しい手マン、通称「ガシガシ手マン」を好む人も一部存在します。

これらの個人差は、神経の分布や出産経験の有無、マスターベーションの方法などによって生じます。したがって、セックスの相手が変わればまったく別のやり方を好むのが普通です。「こうすれば女性は感じるはず」というのはあくまで一般論であって、個人差が大きいので、決めつけることをやめて少しずつ相手の体の取り扱い方を習得していきましょう。

②敏感な部分は周辺から少しずつ

乳首やクリトリスは、神経終末（神経の末端）が密集している敏感な部位です。少し触るだけで気持ちよくなることもありますが、それと同時にくすぐったさや痛みを感じやすいため、ファーストタッチは特に優しくしてください。

また、敏感な部位は、その周辺のエリアもある程度は敏感にできています。少し離れたところから徐々に近づくように触れていき「だんだん近づいてくる」「もう少しで触れそう」と実感させたうえでファーストタッチすれば、やっと触れたときの喜びが倍増する、いわゆる「焦らし効果」が期待できます。焦らしにはちゃんと根拠があるのです。

③刺激はゼロから探る

性感帯の感じ方は人それぞれです。羽根でそっと撫ぜるようなフェザータッチを好む人もいれば、指先で強く摩擦したり、歯で噛んだりするような強い力を好む人もいます。また、タイミングによって求める刺激の強さは変わってきます。しかも、敏感な部位は一度強い刺激を与えてしまうと、その後にいくら繊細な刺激を与えても感じにくくなっています。強弱の順序が変わってはダメなのです。

相手が求める刺激の強さを正確に知ることはできないので「これぐらいかな」と思う強さよりも控えめに触れて、少しずつ強くしていくのが正解です。相手の好みがわからない段階であれば、刺激の強さはゼロから始めるべきです。

ゼロというのは、触れるか触れないかのタッチで当てるだけ。そこからスピードと圧力を調節していきます。圧力はそのままでスピードを少し上げ、反応を見たら次は、スピードはそのままで少し圧力を上げてまた反応を見る、というように微調整していけば、女性の求める刺激に近づけることができます。

④刺激を継続させる

男性の場合だと、気持ちいいと感じていても一定の時間が経過すると刺激に飽きてしまい、刺激のバリエーションを求める傾向があります。しかし、女性の場合は、気持ちいいと感じる刺激を同じ強さでキープしたまま、ひたすら継続してもらうことを好みます。女性の喘ぎ声や体の動きが徐々に大きくなってくると、刺激を強くして快感を加速させたくなりますが、ここはグッとこらえてひたすら同じ刺激をキープしてください。

⑤反応を常に見る

前戯の最中に忘れてはいけないのは、相手の反応を常に見ておくことです。口や手を動かすことに必死になり、表情や呼吸、体の動かし方を見逃している人がほとんどです。女性が骨盤を前後に揺らし、腕を掴んで強く引いてくるのは「もう少し刺激を強くして」、体をよじって逃げようとするのは「刺激が強すぎてイヤ」などのメッセージを送っているのです。強すぎる刺激に耐えて眉を寄せているかもしれません。

気持ちがよくなっていくときや痛みを感じているときの反応は人によって違うので、喘ぎ声や体の動きだけで今どう感じているのか把握するのは難しいのですが、急に大きな声が出たときや呼吸を一瞬詰まらせたとき、眉間に皺を寄せているように見えたときには、言葉でコミュニケーションを取りましょう。

「ちょっと強すぎた？」「強さはこのままでいい？　もうちょっと弱くする？」など「しゃべるセックス」を忘れないでください。

⑥密着する面積を増やす

前戯はスキンシップを楽しむ時間です。肌と肌が触れ合う面積が大きいほど、愛情や安らぎ、同時に興奮も感じます。男性も、愛撫してもらうときに女性が両脚の間に入って手だけで男性器に触れているよりも、添い寝の体勢で脚を絡ませて、全身が密着した状態で男性器に触れられたほうが、精神的にも肉体的にもより強い快楽を感じるのではないでしょうか。

もしも前戯の最中に気まずい雰囲気や緊張感を感じるとしたら、体が離れすぎているのかもしれません。体を密着しつつ自分の体重を安定させることができて、愛撫の強さを自在にコントロールできる距離感を見つけてください。

愛撫の体勢によっては、体を広く密着させることができないこともありますが、そんなときは腕や脚を絡みつかせたり、手を繋いだりすればカバーすることができます。

上半身への愛撫編①「キスは前戯」の真意

さてここからは、具体的な「目的を持ったタッチ」の実践方法です。

女性の多くはキスが好きです。ところが、男性の約7割はものすごくキスがヘタです。どれくらいヘタかというと、しないほうがマシなほどのレベルです。なぜそこまでキスのヘタな人が多いかというと、女性に比べて男性におけるキスの価値観が低いからだと思っています。

欧米のドラマや映画では「彼のキスがヘタすぎて別れた」というのは定番のネタです。海外育ちの友人たちに聞いた話では、中学生ごろから誰のキスが上手いとかヘタとかの噂話が学校内で広まるそうで、キスのやり方にはとても気をつけていたそうです。それほどカップルにとってキスから始まるスキンシップが重要視されているのだと思います。

日本では、キスはセックス前の挨拶程度にしか考えられていません。上手にキスしようと考える人が少なく、毎回、舌を口の中で洗濯機のようにグルグル回すだけの男性が多いことに本当に驚かされます。女性も女性で、エサを待つ鯉のように口をぽかんと開けて男性の舌をただ受け入れるだけの人が多いので、どっちもどっちではありません。そんなキスでは、どちらにとっても気持ちいいものではないでしょう。

キスは立派な前戯です。あまりにキスが気持ちいいので、時間を忘れてふたりで無我夢中で快感をむさぼり合っているうちに骨盤内に血液が急速に集まり、いつでも挿入ＯＫな状態になることがあります。それほどキスは興奮と快感を爆発的に上昇させる可能性を持っています。それなのに「早く脱がせて先に進みたい」とばかりに焦るのはもったいないです。

キスをさっさと終わらせている人は、まだキスの気持ちよさに気がついていないだけです。キスの本当の気持ちよさを知れば、きっと「早く先へ進みたいのにキスが気持ちよすぎてずっとしていたい！」と思うようになります。今は洗濯機のようなキスをしている人でも、正しいやり方を知れば、気持ちいいキスができるようになるので安心してください。

上半身への愛撫編② キスは舌ではなく「唇」を使う

キスがヘタな人の特徴は、舌ばかり使っていることです。顔が近づいて唇が触れたと思ったら、次の瞬間には大口を開けて相手の口に舌を差し込んでいます。女性の口の中を舌でかき回し、舌を強く吸引し、歯茎の裏を舐め、唇を舐め、舌を口の外に出してレロレロと舌をこすり合わせる。こんなキスをしていませんか。キスの途中でゴボッと空気が入る音がしたり、相手の口の周りが唾液まみれになったりしているとしたら、あなたのキスは舌ばかり使うへたくそなキスです。

キスで使うべきは、舌ではなく唇です。唇は体の中でもかなり神経が集中している部位です。ほんの一瞬軽く触れただけでも感知し、わずかな圧力でも感じ取ることができます。こんなに敏感な場所をキスで使わない手はありません。

「唇」というと、リップクリームを塗る部分だけを想像するかもしれません。しかし、キスで使う「唇」は表面だけではありません。そこから少し内側に入った粘膜の部分までを唇として使います。

「ウ」の口で唇を軽く突き出したときに、唇はぷっくりと盛り上がり、内側の潤った粘膜が少し見えますよね。この状態で自分の手の甲に唇を押し当ててみてください。唇全体がお菓子のグミのような弾力があることを感じるはずです。

そして、粘膜部分も手の甲の皮膚に密着しています。ここでひとつポイントがあります。粘膜部分を吸盤のように手の甲にぴったりと隙間なく密着させ、ほんの少しだけ吸い付いてみましょう。こうすると、口を離したときに「チュッ」と小さな音がするはずです。粘膜が触れていた部分にはわずかに水分を感じますが、唾液がつくほどではありません。もしべったりと唾液がついていたら、口を開きすぎです。

反対に、タコの口のように強く前に突き出しすぎても、唇は硬くなって弾力を失い、表面積は小さくなり、シワだらけになるので気持ちよくありません。弾力をもった唇を押し当てて、粘膜で吸盤のようにわずかに吸い付いてから離す。これが第一段階のキスです。手の甲のときに感じたように、ぷるんとした弾力のあるこのキスは、唇はもちろん、頬、首筋、内ももなど体のどこにされても気持ちいいものです。セックス中の、愛情表現として、浴びせるようにキスしてください。

上半身への愛撫編③　本物の「ディープキス」

次は、第一段階のキスに動きをつけた、第二段階のキスです。キスしている時間の9割は第二段階のキスをすることになります。最初のキスでは、弾力をもたせた唇を押し当てて、内側の粘膜を密着させてから離しました。今度は、一度口を軽く開いて、唇に触れたら第一段階のキスをします。これを相手とタイミングを合わせながら続けると、海外映画のキスシーンのようになります。

唇の動きは「ハ」と「ム」です。「ハ」の口で唇が触れ合ったら、唇を軽く押し出して弾力をもたせた「ム」の口にして、内側の粘膜を密着させてから離し、また「ハ」の口に戻ります。

ただ口をパクパクさせするのではありません。顔の角度を相手と少しずらし、「ハムッ」「ハムッ」とふたりで動きを合わせて唇を動かします。こうすればお互いの唇をマッサージし合うことになり、これだけでも十分に気持ちよくなることができます。

しばらくこれを続けたら、「ハ」「ム」で口が開いたタイミングで舌を相手の口に軽く滑り込ませて、舌どうしを少し触れ合わせます。舌をもっと長く触れ合わせたくなったら、「ハ」「ム」のスピードを落とすと口を開いている時間が長くなるので、より濃厚に舌を触れ合わせることができます。世間では舌を相手の口にねじ込み、強く吸い込む行為をディープキスだと思っている人が多いのですが、ディープキスの「ディープ」とは、相手の口に舌を入れる深さのことではありません。そのようなキスが苦手な人も多いので気をつけましょう。

バリエーションをつけようと思ったら、時々相手の下唇に吸い付いてぷるんと離したり、相手の舌先を軽く口に入れてリズミカルに吸ったり、力を抜いて柔らかくした舌先でくすぐり合うようにしたりすることもできます。

大切なのは、「①唇を使うこと」、「②相手よりも大きく口を開けないこと」、「③舌の力を抜くこと」です。これを忘れなければ、相手の口まわりを唾液でベタベタにすることはありません。唇を使うキスを知れば、舌ばかり使うキスをしていた男性でも、キスだけで女性を濡らすことができるようになります。

上半身への愛撫④　キスするときの「手と体」の使い方

キスを盛り上げるのは、唇の動きだけではありません。体を密着させることと手の使い方次第で興奮度と親密度を急上昇させることができます。

顔はくっついているのに体が離れていたり、相手の体におそるおそる触れていたりすると、キスは気持ちよくても盛り上がりに欠けます。

興奮度を高めるのは体の密着度、親密度を高めるのは手の位置です。初めは軽く腰を抱き寄せ、キスの気持ちよさを感じ始めたら、少し強めに背中を抱きしめて体の密着度を上げてみましょう。

　キスしながら吐息や声が漏れ始めたら、相手も興奮してきている証拠です。そこから徐々に手の位置を変えていきます。背中から手のひらを滑らせて首の後ろへ、さらに高まってきたと感じたら、首筋や頬に手のひらを軽く添えたままキスを続けてみてください。手の位置が顔に近づくほど親密度が高くなっていくので、お互いに心の距離が縮まったように感じるはずです。

上半身への愛撫編⑤「乳房を揉む」のは要一考

　胸のふくらみを指でパフパフ揉んで、下からプルプル揺らし、乳首をつまんでチューチュー吸い、高速で乳首を舐める。そんな愛撫をしていませんか？　これらの行為は気持ちよくないどころか、そもそも前戯の体をなしていません。前戯として感じさせるためには、胸のどこが感じやすく、どうアプローチしていけばいいのかを知り、目的を持って愛撫することが必要です。

乳房は、そのほとんどが脂肪で、単に揉まれても性的に感じにくい部位です。それでも胸を揉まれるのが好きな女性がいるのは、精神的な興奮を感じるからです。胸を揉むときは、手でパフパフしたり掴んで揺らしたりするのではなく、手のひら全体で胸を覆って少し圧迫し、ゆっくりと押し回すように愛撫してください。ブラジャーを外している場合は、指で乳首を軽く挟むといい刺激になります。

乳房の中には、クーパー靭帯という胸の脂肪を支える組織があります。胸に大きな負荷がかかってクーパー靭帯が一度損傷を受けると、元に戻ることはなく、胸が下がる原因になると言われているので、激しく揉まれることを嫌う女性は多いです。必要以上に胸ばかりいじられると「揉まれすぎると垂れる」と気が散る原因にもなるので控えてください。

上半身への愛撫編⑥ 「乳首」は周辺から頂点へ

胸で最も感じる部位はもちろん乳首です。乳首を刺激された時、脳内ではクリトリスや膣や子宮頸部を刺激されたときと同じ部分が活性化することがわかっています。(デイヴィッド・J・リンデン『触れることの科学』河出書房新社)。

乳首への刺激だけでオーガズムに達する女性もいます。しかし、乳首だけで「イカせよう」と頑張る必要はなく、乳首で快感の助走をつけて、その後の女性器愛撫や挿入がより気持ちいいものになることを目指してください。

乳首への刺激と聞いて、舌先で乳首を弾くように舐めたり、指でつまんだりすることを思い浮かべると思いますが、これらの動きを始めから行うのはおすすめしません。乳首は神経終末が密集していてとても敏感なため、乳首が感じやすい人ほど突然の強い刺激にはくすぐったく感じてしまうからです。いきなり指で乳首をつまむと体がビクッとするのは、気持ちよくなった反応のようにも見えますが、実は突然の強い刺激に驚いているだけです。

敏感な乳首を刺激するコツは、少し離れたところから徐々に乳首へ近づくことです。乳輪は乳首ほど敏感ではありませんが、舌で螺旋を描きながら乳首へと近づいていくと「もうすぐ乳首に触れそう」と意識することによって、乳首へのファーストタッチがより気持ちのいいものになります。

次に刺激のレベルですが、敏感な乳首に強い刺激は不要です。舌を尖らせて乳首を弾くよりも、舌の力を抜いて柔らかく舐めるだけでも十分に感じることができます。指での刺激も同様に、素早くこするのではなく、指の腹で優しく撫ぜるだけでも気持ちよくなることができます。なかには乳首を強くつまんだり、ひねったり、引っ張ったりする強い刺激を好む女性もいますが、そういったタイプの女性も、優しい刺激だと感じないわけではありません。むしろ、優しく丁寧な愛撫で興奮がかなり高まったことでドーパミンが分泌され、痛みが快感に変わっていきます。どれくらいの強さの刺激を好むのかは、「しゃべるセックス」でコミュニケーションして探ってください。

乳首への愛撫で意識すべきことがもうひとつあります。それは、乳首の頂点だけでなく側面も均等に刺激することです。頂点ばかりを刺激する人が多いのですが、実は側面もかなり敏感な場所です。これを意識するだけでも女性の感じ方は大きく変わります。舌で舐めるときも指で触るときも「側面を通ってから頂点へ」を忘れないでください。

女性が好む乳首愛撫の方法を見つけたら、淡々と続けましょう。下半身をモゾモゾさせてきたら、そろそろ次のステップへ進んでもいい頃合いです。

下半身への愛撫編①　男女の性器は似ている

さて次に、いよいよ愛撫は下半身へと移っていきます。

男性器と女性器は見た目も構造も機能もまったく異なります。その違いから、愛撫の方法を難しく感じるかもしれません。しかし、実はまったく違うというわけではありません。構造や機能が違っていても、もともとは同じ形をしていたものであり、生物学的には同じ起源を持ちます。

受精卵が子宮に着床して6週間後あたりまでは、性器にはまだ男女の区別がついておらず、同じ形をしています。その後、男性ホルモンのシャワーを浴びた方はそこから男性器へと変化し、浴びなかった方は女性器へと変化します。そのため、男性器と女性器の各パーツは、組織や神経の密集のしかたが似通っています。ここでは、各パーツで男女の似ている部分を「そっくりさん」として紹介し、それぞれのパーツに向いている愛撫の方法を説明しましょう。

男性の亀頭の「そっくりさん」は、女性ではクリトリスです。男性の亀頭と同じように神経終末が高密度で集中しており、性器の中では最も敏感な部位です。

陰嚢（袋）をよく見ると、中心に縫い目のような線があります。これは女性の大陰唇のように左右に分かれていたものが結合してひとつになった名残です。こちらも見た目は違いますが、愛撫の方法は同じです。

男性の陰茎には、陰茎海綿体と、尿道を取り囲む尿道海面体がチューブのように通っているのですが、これらの「そっくりさん」が陰核脚、前庭球として女性器に存在しています。

ただし、男性器と違って女性器の場合は体の中に埋まっていて、尿道と膣をまたいで膣口の横あたりまで伸びています。実は、これらはクリトリスの突起の根元と繋がっていて、クリトリスの突起部分（陰核亀頭）、陰核脚、前庭球をすべて含めたものが「クリトリス」なのです。

体の表面に見えている小さな突起は、クリトリス全体の約10分1でしかなく、まさに氷山の一角と言っていいでしょう。この事実を知っているか否かで、下半身への愛撫は劇的に変化します。

下半身への愛撫編②　クリトリス（陰核亀頭）への愛撫

クリトリスの突起部分は、男性が亀頭に求める刺激と似ています。どちらも神経終末が密集している場所なので、強すぎる刺激は苦手で、優しすぎるほどソフトな刺激でも十分に感じることができます。

亀頭は、乾いた指や潤いの少ない舌で舐められるよりも、唾液などでヌルヌルにした指や舌で触れられるほうが気持ちよいと感じ、手で強く摩擦されたり尖らせた舌で弾かれるよりも、手の広い面で優しく触れられたり、柔らかくした舌でまとわりつくように舐められるほうが気持ちいいはずです。クリトリスも同様に、乾いた状態よりもヌルヌルの状態のほうが感じやすく、強い刺激よりも優しい刺激を好みます。

また、クリトリスの場合は、神経終末があの小さな突起に密集しているため、快感だけでなく痛みに対しても敏感です。したがって、亀頭よりも優しく丁寧に取り扱う必要があります。指先でコリコリしたり、押し潰したり、高速で摩擦するのはやめましょう。

感度の高い場所へのタッチは、まず感度の低いところからアプローチしていくことが基本です。クリトリスでいうと、大陰唇や小陰唇からアプローチしていくのがおすすめ。ここにも神経終末が多く分布しているので、クリトリスほどではありませんが、快楽を感じることができます。男性器でいうと、初めから亀頭を刺激するよりも、陰嚢から陰茎へとじわじわ攻めてもらうのと同じ感覚です。

大陰唇には、C触覚繊維という、フェザータッチでゆっくり撫でたときにだけ反応する神経が通っていて、秒速5センチほどのスピードで撫で上げると、うっとりするような快楽を感じます。この動きを何度も繰り返すだけで愛液が出始めると同時に「早くクリトリスに触ってほしい」と思わせることができます。指の腹か力を抜いた舌で、下から上へ表面をそっと撫で上げる動きを繰り返してください。

脚の付け根から始めて徐々に中心に向かっていくと、最終的には小陰唇を撫で上げることになります。この時に、下は膣口から、上はクリトリスにギリギリ触れるか触れないかのところまでを意識して触れると、焦らされている間にもじわじわと快感が高まっていきます。

下半身への愛撫編③　クリトリスへのちょうどいい刺激

膣口周辺が愛液で潤ったら、指先か舌で愛液をすくってクリトリスを濡らしてから愛撫を始めます。クリトリスの頂点だけではなく、突起部分全体に触れるよう、下から上まで約2センチの幅でゆっくり撫でましょう。この時の力加減は、プリンの角を崩さない程度。クリトリスを動かさずに表面を撫でることを意識してください。しばらく上下に撫でたら、今度は左右に、次は円を描くようにして撫でていきますが、ひとつひとつの動きは最低でも30秒はかけて、反応を見ながら相手が好む愛撫方法を確認してください。触れる圧力やスピードは少しずつ上げていっても大丈夫ですが、腰が引けたり、手で押しのけるような仕草が出たら、刺激が強すぎるサインです。好みの愛撫方法が見つかったら、ひたすらその動きをキープしてください。

クリトリスは、しっかりと皮を被っていたり、初めからむき出しになっていたりと人それぞれですが、皮は刺激の緩衝材です。皮を被っている場合は、いきなり皮を剥こうとせず、皮の上から愛撫を始めてください。皮の上からの愛撫を続けてみて、しばらくしたら皮を上から親指で引っ張り上げて直接愛撫してみましょう。「刺激強すぎる?」「直接触らないほうが好き?」と言葉で確認すると好みがわかってきます。人によってはクリトリスに驚くほど強い刺激を加えられるほうが好きな人もいるので、実際に聞いてみないことにはわかりません。

クリトリスがやや過敏になっている女性の場合は、ザラザラしている舌の表面よりも、プルプルしている裏面を使って刺激するといいでしょう。クリトリスに舌の裏面を当てて、左右に動かしたり、リズミカルに押し当てたりするとマイルドな刺激を与えることができます。

口でクリトリスを愛撫する場合、唇も使うと刺激のバリエーションが増えます。前述した第一段階のキスはクリトリスにも応用可能です。唇を密着させて「チュッ」と離すときにわずかにクリトリスが振動するため、何度も繰り返すとバイブレーションのように感じていい刺激になります。

唇でクリトリスの周りに軽く吸い付いたまま口の中でクリトリスを舐めるのもおすすめです。クリトリスの突起全体が温かい口の中で包まれて、何ともいえない心地よさが股間全体に広がっていきます。

下半身への愛撫編④　Gスポットを探さない

膣への愛撫というと、Gスポットを探す人もいますが、これはむしろ快感を遠ざける行為です。「Gスポット」と聞いて、押したりこすったりすると気持ちよくなる快感のスイッチがあるとイメージする人がいます。ハウツー本などでも「膣口から3～4センチのなか側を指でこすると膨らんでくる。これがGスポット」と書かれていることもあり、男性が指先でこすったり指を膣壁に押し込んだりして膣内を探索することがあります。

しかし、そんなピンポイントの刺激では女性は気持ちよくなることはできません。また、わかりやすい膨らみを指先に感じることもないでしょう。

そもそもGスポットとは、1950年代にドイツの産婦人科医師、エルンスト・グレフェンベルクが「膣の腹側のある場所を刺激すると激しいオーガズムに達する」とする論文を発表し、1980年代から彼の名前を冠して「Gスポット」と呼ぶようになりました。

その後も「Gスポットなど存在しない。『中イキ』は膣内からクリトリス本体を刺激してイッっているだけ」「Gスポットは存在する。ただしGスポットのある人とない人がいる」など意見が分かれ、現在に至るも完全には解明されていません。有力とされている説は、尿道の周りにある前立腺組織と、それをまたぐクリトリス本体を、膣側から同時に刺激することで快感を得ているのではないかということです。クリトリスと尿道と膣に囲まれたそのエリアをclitourethrovaginal complex、略してCUV複合体と呼びます（Emmanuele A Jannini, Odile Buisson, Alberto Rubio-Casillas, 2014 August 12. Beyond the G-spot: clitourethrovaginal complex anatomy in female orgasm）。

つまり、指先で膣壁を小さく摩擦したり、ピンポイントで膣壁に指をめりこませたりしても無意味なのです。膣の浅い部分のおなか側は、膣壁の向こう側に尿道を取り囲む前立腺組織、さらにそれを取り囲むクリトリスの本体があり、そのエリアを目がけて膣から刺激を送ると女性は感じやすいということなのです。

下半身への愛撫編⑤　膣の形に沿って指を入れる

いくら濡れているからといって、早い段階で膣内を刺激してもすぐには気持ちよくなることはありません。まずはクリトリスをじっくり愛撫して、女性器全体が充血し、ふっくらしてくるのを待ちましょう。

「指1本なら入るだろう」といきなり指を挿入するか、膣口をくすぐって「そろそろ指が入りますよ」と知らせてから指を入れるかで、その人のセックスのセンスがわかります。

膣口の下には、左右の小陰唇が合わさる陰唇小帯があります。この部位はさりげなく触れることで、なんだか気持ちいいと感じます。とはいえ、ここだけをピンポイントで触れられても感じにくい人がいるので、クンニを続けながら指先でチョンチョンと触れるか、手のひらでクリトリスを圧迫しながら指先で小さくトントンと触れてさりげなく愛撫してください。この時に、指先に愛液をまぶしておくと、指を挿入するときにスムーズになります。

指を膣に入れるときに、ピーンとまっすぐに伸ばし、膣口に対して垂直に挿入するのはやめてください。膣の軌道は直線ではなく、カーブがあります。まっすぐ伸ばした指を挿入するのは、カーブのある道を直線で突っ切るようなもので、膣内の粘膜を傷つける可能性があります。

指を入れるときには力を抜き、膣のカーブに指を合わせるつもりで進めてください。指はまず1本から始めましょう。膣にゆとりがあればもう1本入れても大丈夫ですが、痛くないか、1本と2本ではどちらのほうが感じやすいか常に女性に確認してください。

第2関節あたりまで指を挿入して膣壁に指を沿わせたら、「こっちにおいで」のジェスチャーのように指を曲げては戻す動きを繰り返します。コツは、指先を膣壁にめり込ませるのではなく、指先から第2関節まで均等に圧力をかけることです。こうすることで、膣壁の向こう側のCUV複合体へ効率的に刺激を与え続けることができます。

指を男性器のように出し入れする愛撫は、かなり好みが分かれます。膣壁にも神経が通っているので、指による摩擦で快感を強く得る人もいますが、膣内がかなり濡れていないと摩擦で痛みが生じやすくなります。指を出し入れする際に勢い余って膣口まわりを爪で傷つけてしまうハプニングも多いことから、どちらかといえば不人気です。もちろんこれも好みの問題なので、女性に確認しながら最適な愛撫方法を探してください。

膣内の性感帯といえば、膣の奥にあるコリコリしたポルチオ（子宮頸部）があります。「ポルチオでイクと何度も連続でイケる」「ポルチオでイクのはクリトリスやGスポットでイクのとは段違いの快感」などと都市伝説のように喧伝されているのを聞いたことがある人も多いでしょう。

確かに女性はポルチオからの刺激で快感やオーガズムを得ることができ、クリトリスや膣内のほかの部位を刺激されるときとは神経経路が違うので感じ方は異なります。

しかし、ポルチオを指で直接触れて動かしたりこすったりして、ピンポイントで感じさせることはできません。むしろ、指のような細くて硬いもので刺激すると粘膜を傷つけてしまうこともあり、セックス後に鈍痛が数日続くこともあります。この部分に効果的な刺激は、男性器の挿入でさりげなくノックすることです。挿入でポルチオを刺激する方法は次章で詳しく記します。

下半身への愛撫編⑥　二点攻めとクリトリスサンドイッチ

適切に刺激すれば膣の愛撫だけでもオーガズムに導くことは可能ですが、膣から受ける刺激に慣れていない人も多く、他の性感帯との同時刺激で初めて膣への刺激を気持ちいいと感じることも多々あります。

また、単純に刺激を受ける場所が増えることで、より強烈な刺激を感じることができるので、「二点攻め」を取り入れてみましょう。

「二点攻め」は何も考えずにやると確実に失敗します。二か所それぞれを違った動きで刺激しようとしても、どちらか一方への集中力は途切れてしまうため、動きが止まったり刺激の強さがブレたりと、かえって気が散る要因になるからです。

二点攻めのコツは2つあります。「①メインになるほうは『動の刺激』、もう一方は『静の刺激』にすること」、「②二点の動きを同調させること」です。

クンニしながらの乳首愛撫で例えると、①はメインになるのがクリトリスを舌で愛撫することです。舌で舐める「動の刺激」に集中し、もう一方の乳首への愛撫は、2本の指で乳首を軽くつまむだけ、もしくは手のひらで乳房を覆って指の間に乳首を挟むだけです。

乳首は側面も敏感なので、それだけでも十分な二点攻めになります。

②はクリトリスを舐める舌の動きと、乳首を触る指の動きを同調させます。上下に舐めるなら指も上下に、左右に舐めるなら指も左右に動かし、回転舐めなら指も同じように円を描きます。力加減とスピードを同調させれば、どちらかの動きが途切れることもなく、同じ動きをキープし続けることができます。

女性が最もイキやすい究極の二点攻めは、クリトリス本体を外と中の両方から刺激する「クリトリスサンドイッチ」です。外からはクリトリスの突起（陰核亀頭）を舌で愛撫し、中からは膣壁越しに指でクリトリス本体を刺激します。

ここでも先ほどの二点攻めのコツを使います。クリトリスを舐めることに集中して、指は膣のおなか側の壁を面で軽く圧迫したままキープするだけ。もしくは、「こっちにおいで」のジェスチャーに合わせて舌の上下舐めのリズムを合わせるとうまくいきます。

下半身への愛撫編⑦　クンニは絶対に必要

前述したオーガズムギャップ（イク回数に偏りがあること）が少ないカップルは、オーラルセックスが充実していると言われています。つまり、女性をオーガズムに導く一番のコツは、クンニをすることです。しかし、女性によってはクンニをしなくていいという人がいます。しかし、本音は「本当はクンニしてもらいたいけど、匂いも気になるし、愛液がたくさん出て気持ち悪いと思われそうだから遠慮したい」です。

すべての女性がそうとは限りませんが「お風呂で洗った直後なら舐めてもらいたい」「気を使わなくてもいい相手ならクンニしてもらいたい」と思っていることが大半です。「舐めなくていいよ」と言われても、本音がわからないのなら一度はクンニをしてみるといいでしょう。恥ずかしいからと股間を手で隠す仕草をしていても、脚の付け根や大陰唇をぺろっと舐めたりキスしたりしながらクリトリスに近づいていくと、案外簡単にクンニを堪能する人もいます。

ただし、クンニよりも手マンのほうが感じやすい女性や、クンニの感触が苦手な人もいるので、本当に嫌がっている場合は無理に押し通さないでください。

下半身への愛撫編⑧　前戯はハシゴを下りるように

よく男性の読者から前戯の細かい手順や必要な時間を聞かれることがあります。ふたりの興奮度合いによっては、情熱的なキスで極限まで盛り上がり、いきなり挿入したくなることもあるでしょうし、そこから再びキスやオーラルセックスに移ることもあるでしょう。その時のふたりの気分、または好みによって臨機応変にしてください。

しかし、まだ相手の好みをよく知らないときや、経験の浅い人とセックスするときは、上から順に段階を踏んでいきましょう。流れるように自然に進行したいなら、ハシゴを下りるイメージで進めてください。キスからスタートして、口と手を交互に下ろしていきます。

キスでふたりの呼吸が荒くなってきたら、片手を胸へ。首筋や鎖骨にキスしながら体を徐々に下へ移動させます。顔が胸まで下りてきたら、片方の胸を手で愛撫し、もう片方の胸は口で愛撫します。女性が下半身をモゾモゾと動かし始めたら、口で胸を愛撫するのを継続しながら、手はゆっくり下ろして腰回りや太ももを撫で、やがて股間へ。大陰唇から小陰唇、クリトリスを手で愛撫し始めたら、乳首の愛撫は中断して手の動きに集中しましょう。しばらく手でクリトリスを愛撫したら、体を下に移動させてクンニします。女性の感度がかなり高まったらクンニを続けながら膣に指を挿入するといいでしょう。

下半身への愛撫編⑨　イカせたいならイカせようとは思わない

女性に気持ちよくなってもらいたい、イカせたいと思うなら、イカせようとしないことです。矛盾しているようですが、イカせようとする気持ちこそが女性を絶頂から遠ざけています。

多くの女性の場合、マスターベーションでイクことはできても、相手がいるセックスでオーガズムを得ることは簡単ではありません。性的に興奮することや、性感帯に的確な刺激を受けることだけがイクための条件ではないからです。

月経周期によって体調や感じやすさに変化があり、相手との関係性やその時の気分、環境など、さまざまな要因がオーガズムに影響します。そんな中で「体調よし！　気が散る要素なし！　クリトリスへの刺激よし！　このままいけばあと少しでイケそうな気がする！」と感じていたとしても、それに急ブレーキをかけるのが、男性の「あとどれくらいでイケそう?」といったひとことです。言葉だけでなく、愛撫の刺激を強くしてイカせようとする無言のプレッシャーも然りです。「もしかしたらもうすぐイキそうかも?」と感じたときにも、気付かないふりをして、できる限り同じ刺激を与え続けましょう。刺激を強くする必要はありません。

そもそも、セックスでイクことにそれほどこだわらない人もいます。セックスに求めるものが肉体的な快感だけではなく、パートナーとの肌と肌の触れ合い、セックス後にしか得ることのできないまどろみ、男性の興奮を感じることなど、複合的な喜びだからです。

とはいえ、チャンスがあればイキたいと思っている人が大半です。「女性はイカなくても満足する」を免罪符にして、自分だけが毎回必ずイクことを当たり前だと思わないでください。

下半身への愛撫編⑩　潮吹きはパフォーマンス

AVで潮吹きを見たことがある人なら、潮を吹いてみたい、吹かせてみたいと思ったことがあるかもしれません。ただ、「潮」の正体はいまだにはっきりとはわかっておらず、

「膀胱に溜まった尿が男性器や指やおもちゃなどによって膣壁越しに押し出され、尿道から飛び出ている」、または「尿道の周りにある海綿体組織からにじみ出た成分が尿道から吹き出している」などの説があります。いずれにしても、潮は女性の快感とは関係がありません。潮を吹いたからといって激しく感じているとは限りません。もちろん、イッた証拠でもありません。

コツを掴めば指を膣に入れて潮を吹かせることは可能ですが、見よう見まねで膣壁を強く刺激しすぎると怪我をします。膣は口内や直腸などと同じ粘膜だということを忘れてはいけません。女性自身が望まない限りは、潮を吹かせようとはしないでください。

そもそもAVで潮吹きを見せるようになったのは、日本のAVではモザイクをかけなければならないからです。モザイク越しでは何がどうなっているのかわかりにくいというユーザーのために、モザイクの外まで潮を吹き出すパフォーマンスが始まりました。しばらくすると、より多く、より遠くまで潮を吹くことができる女優が増え、今では潮を吹く女優は珍しい存在ではなくなりました。撮影前に水分を大量に摂取し、タイミングよく腹圧をかけ、潮が飛びやすい体勢になることでなせるパフォーマンスです。

最近では、AV男優のように潮を吹かせたいと思う一般男性がいるように、一般女性もAV女優のようにセックス中に潮を吹けるようになりたいと練習する人がいます。クリトリスや膣内を刺激すると自然と潮を吹いてしまう体質の女性もいますが、そうでない人がもともと人間に備わっている、排尿すべきでない時に尿をせき止める機能に逆らってまで潮を吹かせようとすることには賛成できません。

同様に、ここ数年ですごい勢いで広まっているのが、スペンス乳腺です。胸と脇の下の境目あたりにスペンス乳腺尾部があり、そこから胸の周囲にわたって手で刺激を加えると、女性が何度もオーガズムを得られると言われています。ネットで検索すると、女性向けの記事にも「スペンス乳腺を開発して『胸イキ』しよう」といった言葉が並びます。

しかし、スペンス乳腺はAVが創作した架空の性感帯です。脇の下や胸の横ラインは脇腹や内ももと同じように、そっと撫でられるとくすぐったいけれどうっすら気持ちいいと感じる部位です。クリトリスのように何度もイケる可能性を秘めたものではありません。最近では脇や横乳ばかりいじり回されるという女性からの報告を受けるようになりましたが、スペンス乳腺を開発をするくらいなら、その時間をクンニに充てたほうが女性は喜ぶでしょう。

ＡＶを真似るのは常に悪のように言われますが、それがすべてダメというわけではありません。潮吹きや激ピストンなど、してはいけないパフォーマンスを多くの人がしたがるというだけで、ＡＶから学ぶことも本当はたくさんあります。

ＡＶ男優は、クンニや手マンをしているときには必ず女優の顔を見て反応をチェックしています。体勢を変える時には女優が体をぶつけないよう目立たないように手でサポートしています。同じペースで腰を振り続けることができる体の使い方など、ＡＶから学ぶべき点も数多くあります。

潮吹きやスペンス乳腺に限らず、これまでに試したことのないことをセックスで挑戦してみたいときは、自分だけの意思でやらないようにしてください。必ず言葉でしゃべってコミュニケーションを取る「しゃべるセックス」が必要です。そうでないと、理由もわからずひたすら横乳を触られた女性は混乱しますし、ただ荒いだけの手マンで気持ちいいふりをしなければならない状況に陥ります。

そんなセックスから、そろそろ卒業しましょう。

第四章　新しいピストン

【挿入準備編】① 男女の性反応にはズレがある

多くの男性が、膣は濡れさえすれば、即、挿入していいと勘違いしています。第三章では、十分な前戯について、「骨盤内に十分に血液が集まり、あらゆるパーツが充血して膨らむまで前戯することが必要」と指摘しました。もう少し詳しく説明します。

性的刺激に対して体に表れる生理的反応を「性反応」といい、この性反応が起こる周期は、興奮期、高原期、オーガズム期、消退期の4つの段階に分かれています。それぞれの周期で男女の体がどのように変化するのか確認していきましょう。

◆興奮期

性的な刺激が与えられて体の反応が始まるのが「興奮期」です。男性の場合は、視覚的な刺激に反応しやすく、女性の胸の膨らみや、スカートの裾からのぞく太ももにセクシーさを感じれば、比較的素早く反応が始まります。陰茎がムクムクッと膨らんでくるのが興奮期における男性の特徴です。一方、女性は、好きな男性からの愛情のこもった眼差しや優しいキス、全身へのボディタッチなど、気持ちが高ぶってから徐々にスイッチが入ります。この時期に乳首が膨らみ、膣壁からは少しずつ愛液が出ます。

◆高原期

興奮期で膨らんだ陰茎に手や口で刺激を与えられることで、陰茎が勃起します。亀頭までバキッと張り、睾丸は徐々に陰茎の根元へと収縮し、尿道からカウパー（がまん汁）が滲み出てきたら、男性は挿入準備が整います。

女性は刺激を受けて興奮度がさらに高まってくると、小陰唇は平常時と比べて約2倍に膨らみ、外側へ開きます。膣口からは愛液が流れ始め、膣内も充血して温かく、粘膜がふっくらした感触へと変化します。膣には奥行きができる一方で、浅い部分は隆起して狭くなっていきます。女性の膣の奥に精液をためるための空洞ができることも特徴です。これらを「高原期」といい、陰茎を受け入れる態勢が整ったと言えます。

◆オーガズム期

性的興奮がクライマックスに達すると、快楽を感じている間に緊張状態にあった骨盤内の筋肉が一斉に0・8秒間隔で収縮を始めます。これは男女共通のオーガズム反応です。男性は、この収縮に合わせて尿道から精液が3～4回射出されます。この数秒間が男性にとってのオーガズムですが、女性の場合は収縮の持続時間に個人差があり、1分以上続くこともあります。

◆消退期

骨盤内に集まっていた血液が引いて、性器が急速に元の状態に戻るのが「消退期」です。男性の場合は、性的な刺激に反応しなくなる不応期も含まれます。性的なものを見ても、陰茎に触れられても反応を示さず、急に我に返ったようになることから「賢者タイム」と呼ばれることもあります。

女性の場合は、一度オーガズムを迎えても不応期が訪れない人もいて、複数のオーガズムを迎えるマルチプルオーガズムを経験することもあります。

男性と女性の性反応が同時に進行することは稀で、そう簡単にはいきません。男性の場合は性反応のスピードが速く、エッチなものが目に入って陰茎がムクムクと膨らみ始めると、少しの刺激を加えただけで高原期に入ることがあり、数分で挿入可能になります。しかし、女性の場合はゆっくり進行することが多く、そこで男女の差が生じます。

腟口が濡れているからといって、高原期ではない女性に挿入を開始してしまうと、腟内の潤いが足りずに痛みが生じ、女性が感じ始める前に男性が射精するケースもあります。

その場合、たいていの女性はオーガズムを迎えることができないままセックスが終了し、興奮期のまま放置されることになります。

男女それぞれ性反応が異なるため、スムーズに挿入を開始し、ふたりで一緒に快感を味わうためには、ゆっくり進行していく女性の性反応に合わせて、ハグやキスで気持ちを盛り上げ、じっくりと女性器に愛撫をして挿入することが重要なのです。

【挿入準備編】② 愛液で重要なのは粘度

多くの女性がセックスで痛みを感じた経験があります。その原因のひとつは、膣の潤い不足です。愛液の分泌量が十分ではない状態で挿入すると、粘膜に傷がつき、痛みが生じます。潤いたっぷりの気持ちいいセックスをするためにも、潤い不足による痛みを女性に感じさせないためにも、男性は愛液が出るしくみを知っておきましょう。

女性が性的に興奮すると、数十秒から数分で膣壁から愛液が分泌され始めます。その様子はまるで膣が汗をかくように、膣壁から滲み出てきます。この愛液の量には個人差があり、同じ運動をしても、すぐに汗びっしょりになる人と、ほとんど汗をかかない人がいるように、キスしただけで膣口から愛液が流れ出てくる人もいれば、どんなに興奮していても、どんなに快感があっても、ほとんど愛液が出てこない人もいます。

愛液の量は体質、ホルモンバランス、水分摂取量など、さまざまな要因で変化し、場合によっては「睡眠不足で濡れにくい」「ストレスが溜まると濡れにくくなる」など、その日のコンディションによってもばらつきがあります。また、年齢を重ねるごとに膣粘膜は薄くなり、濡れにくくなってきます。

つまり、愛液の量は興奮や快感や愛情のバロメーターではありません。男性も女性も、「濡れにくいのは自分のせいかも」と過度に心配しないでください。

愛液についてもうひとつ重要なのは、「挿入できれば愛液は足りている」というわけではないことです。私のもとに寄せられる女性からの悩みに「濡れているのに擦れて痛む」「濡れているのにスムーズに挿入を継続できない」というものがとても多いのですが、これは愛液の量が不足しているのではなく、粘度が低いことで起こります。

手で触れると膣口周辺も膣内にも水分がたっぷりあるように感じるものの、サラッとしていて、陰茎の出し入れはできても、ヌルヌルした心地よさが感じられず、摩擦を繰り返すと膣口周辺がヒリヒリと痛みだすことが起こります。

愛液にとって重要なのは、量に加えて粘度です。しかしながら、愛液の質は、興奮や快感、愛情とイコールではないので、そもそもの量や粘度はコントロールできません。足りない場合は、潤滑剤を使用するなどして粘度を補うことをすすめています。

潤滑剤はドラッグストアでも簡単に手に入りますが、潤滑剤を使いたいと男性に提案することでプライドを傷つけてしまうと考え、痛みを我慢している女性がいます。

膣の潤い不足は、男女どちらからも言い出しにくいことかもしれません。しかし、日ごろから「しゃべるセックス」を実践していれば問題はないはずです。積極的に潤滑剤を導入してください。

意外に知られていないのは、潤滑剤とローションの違いです。潤滑剤が膣内の環境に合わせて作られているのに対し、ローションは男性器や体の表面に使う目的で作られています。人によってはローションを腟内に使うことで痒くなってしまったり、使用後に腟からうまく排出できなかったりすることもあります。また、使用中に水分が蒸発すると粘りが強くなり摩擦を感じやすくなることからも、腟の挿入には専用の潤滑剤を使いましょう。

腟専用の潤滑剤には、ウォーターベース、シリコンベース、オイルベースの3種類があり、最も使いやすいのがウォーターベースです。主成分が水なので愛液によく似ていて、使用後の処理も拭き取るだけで済むものもあります。ウォーターベースの潤滑剤を何度注ぎ足してもすぐに乾いてしまう場合は、滑りの良いシリコンベースのものがおすすめです。オイルベースのものは乾燥しにくく潤いが長持ちすることが特徴ですが、一般的によく使われているラテックス製コンドームと併用ができないので、ポリウレタン製のコンドームを使う必要があります。

【挿入編】① 挿入は腟のカーブをイメージする

コンドームを陰茎の根元まで装着したら、亀頭で腟口をくすぐるように動かしながら、亀頭と小陰唇に愛液をまぶします。こうすることで小陰唇の巻き込みを防ぐことができます。腟口の潤いの少ない場合には潤滑剤を使いましょう。

このタイミングで、クリトリスに陰茎を強くこすりつけ、亀頭をクリトリスに叩きつけてはいけません。「ほらほら、これが欲しいんだろ?」という焦らしや、挿入する前にもう少ししっかりと勃起させる目的かもしれませんが、注意して行う必要があります。クリトリスも勃起して膨らみ、とても敏感になっているので、そこへ硬いものを擦りつけ叩きつけられると刺激が強すぎる可能性があるからです。

女性がそれを喜んでいるのかどうかを表情や声から見極めるのは難しいので、いきなり強く刺激するのはやめましょう。陰茎でクリトリスを優しく撫でることから始めて感想を聞いてください。滑りをよくするために、クリトリス周辺がしっかり濡れていることを確認することも大切です。

膣口へ挿入するときのコツは、亀頭をやや下向きに進めていくことです。膣のカーブには個人差があり、女性が仰向けになっているときには、膣口からやや下向きに膣が伸びていることが多いからです。指の挿入と同様に、膣のカーブをイメージして、なるべく沿うように進めていくことが肝心です。そのカーブに沿えば、スムーズに挿入することができきるでしょう。

【挿入編】② CUV複合体とポルチオを制す

男性の場合、亀頭やカリや裏筋などの特に敏感な部位を摩擦されることや、温かい膣内で陰茎に圧力が加わることで快感を得るため、陰茎を膣に出し入れするピストン運動で快感を得ることは、そう難しくありません。

しかし、女性の場合はそうではないのです。やみくもに膣壁を摩擦され、膣の奥にあるポルチオを突かれても、すぐに強い快感に繋がるわけではありません。その理由は、女性が快楽を得る場所と、好む刺激にいろいろ種類があり、それは男性が想像しているものと異なっているからです。

第三章で説明したように、女性が最も感じやすい場所は、神経終末の集中するクリトリスの突起部分、次に膣のおなか側の壁の向こうにあるCUV複合体、さらに膣の奥にあるポルチオです。

陰茎を膣に挿入して刺激できる部位は、CUV複合体とポルチオの2か所です。正常位で挿入した場合、ＣＵＶ複合体は亀頭の進行方向とは垂直の位置にあるため、普通に陰茎を出し入れするピストン運動で与えられる刺激には限界があります。そしてポルチオは、何度も述べてきましたが、刺激方法によっては強い痛みを感じる場所であり、ポルチオで感じさせるにはコツが必要なのです。

挿入して一緒に気持ちよくなることを考えると、前戯と同じように、目的をもって、どこを、どうやって、どれくらいの強さと速さで、どれくらいの時間をかけて刺激すればいいのか考える必要があります。

【挿入編】③　女性が好む5大ピストン法

女性と一緒に快感を味わうために必要なピストン方法は5種類あります。

まずは、「なじませピストン」といって、膣に陰茎を迎え入れる準備態勢を整える挿入法です。そして、「スローピストン」「グラインドピストン」「小刻みピストン」「極浅ピストン」です。それぞれに、ちゃんと意味があり、男性が想像する激しい出し入れは一切必要ありません。これらのピストンは、女性が感じる部位、ＣＵＶ複合体とポルチオを効果的に刺激することを目的としています。順を追って紹介していきましょう。

◆「なじませピストン」

膣のカーブをイメージしながらゆっくりと挿入したら、まずすべきことは、そのままの体勢でじっとしていることです。衝動に任せて腰を振りたくなっても、1分間でいいので我慢してください。

膣は試験管のような直線状の空洞ではなく、上下の膣壁が密着して潰れたチューブのようになっているうえに、横から見ると緩いS字カーブを描いています。そこへ指よりも太く長く硬い陰茎が入ってくると、強い異物感を感じることは容易に想像できると思います。

さらに、月経周期によってポルチオ（子宮頸部）の位置や硬さにも変化が生じるので、同じ男性と何度セックスしていても、最初のひと挿しで亀頭がポルチオを直撃して痛みを感じるときもあります。ポルチオに一度強い衝撃を感じてしまうと、痛みへの恐怖で緊張状態になることもあるので、挿入を開始するときや体位を変えた時は十分に注意が必要です。

ゆっくり挿入して陰茎が膣になじむ時間を設けると女性は「体をいたわってくれている」と感じ、その男性が自分だけの快感に浸る人ではないと安心できます。たった1分でもその後のピストン運動への準備ができるので、この1分間は見つめ合ってキスしたり、ギュッとハグしたりして気持ちを高める時間に充ててください。

◆「スローピストン」

膣口から亀頭の先端がポルチオに当たるところまで、膣のひだの凹凸を感じるくらいのスピードでゆっくり出し入れするのがスローピストンです。膣は摩擦だけでは感じにくいとはいえ、膣壁から快感を得ていないわけではありません。愛液でたっぷり潤った膣を、亀頭の膨らみがニュルンと往復する感触は、素早いピストンでは味わうことのできないゾクゾク感を生みます。

このスローピストンは、感覚をリセットするときにも便利です。快感の上昇が停滞したり、女性の声が単調になってきたときに取り入れてください。

このニュルンとした感覚を感じない場合は、潤いが不足しているのかもしれません。潤滑剤を結合部に垂らしてスローピストンを繰り返すと、潤いを膣内全体にまんべんなく広げることができるので、その後のピストン運動もスムーズになります。

◆「グラインドピストン」

膣に陰茎を出し入れする動きでも、亀頭の膨らみが何度も行き来することでCUV複合体に刺激を送ることはできますが、強い快感を得るには不十分です。そこで取り入れてほしいのがグラインドピストンです。

グラインドピストンでは、陰茎をほとんど出し入れせず膣の中にとどめたまま、男女どちらかの骨盤を前後に揺らします。こうすると、陰茎の根本が膣壁の向こう側にあるCUV複合体へ継続的に圧力を加えることができます。グラインドピストンを行いやすい体位には次の3つがあります。

まず「騎乗位」です。仰向けの男性にまたがった女性が、骨盤を前後に振ることでCUV複合体を刺激することができます。騎乗位は女性主体で動くため、CUV複合体を自分で刺激しながら、同時にクリトリスを男性の恥骨にこすりつけ、亀頭でポルチオをくすぐることができます。

それ以外の体位ではイッたことがないのに騎乗位ではイケる女性もいるほど、複数の性感帯を的確に刺激することができる体位なので、ぜひ積極的に取り入れてください。ただし、騎乗位で骨盤を前後に振るのが苦手な女性も多いのが現状です。うまく動くことができない女性に対しては、左右から腰を掴むようにして支え、手前に引いて動きをサポートしてあげてください。

次に「座位」です。騎乗位と同じように、座位でもグラインドピストンをすることができます。あぐらをかいて座った男性の上に女性が向き合ってまたがり、手を後ろにつきます。男性が両手で女性のお尻を抱えて手前に引くと女性の腰が前後に動くので、骨盤を上手に動かせない女性でもＣＵＶ複合体を刺激することができます。

そして、「正常位」です。正常位は男性が腰を動かすのが一般的ですが、男女が協力してグラインドピストンをすることも可能です。男性は上半身を起こして正座の状態で脚を大きく広げ、女性のお尻を抱えて上下に揺らしてグラインドさせます。女性は足をベッドにつけ、ブリッジの姿勢でお尻を上下させるため、見た目ほどお尻の重さは感じないはずです。陰茎が途中で抜けないように、深く挿入するのがコツです。

これら3つの体位で重要なのは、CUV複合体を刺激するという目的を持つことです。男性が想像するような、挿入による抜き差しが重要なのではありません。あくまで、陰茎を出し入れせず、膣内にとどめながらCUV複合体に刺激を与えるという目的を忘れないようにしてください。

◆「小刻みピストン」

最後に、効果的にポルチオを刺激するのに向いているのが「小刻みピストン」です。ポルチオは強い刺激には痛みを感じやすい一方で、少し触れただけでは気づくことができない鈍感な部位です。そんなポルチオに性的な快を感じさせるには、継続した弱い振動が必要です。亀頭がポルチオに触れるところまで挿入したら、2~3センチの小さな幅でピストン運動を続けてください。亀頭の先でトントンと小さくノックし続けると、クリトリスやCUV複合体から得られる刺激とは異なる種類の快感を得ることができます。

ポルチオの快感はすぐには気付くことができません。小刻みなピストンを地道に続けることで、だんだんと腰回りがムズムズするような快感が広がっていきます。一度快感の火がつくと、ただ挿入しているだけでイッてしまうこともあるほどです。ポルチオで一度イクと、消退期を迎えずに続けて何度も絶頂期を迎える「マルチプルオーガズム」になることもあり、快感の可能性を秘めた場所です。

また、このピストンでは男性の恥骨や陰嚢がクリトリスを小さくタッピングすることになるので、意識せずとも二点攻めしていることになります。


小刻みピストンでおすすめの体位は3つあります。いわゆる「抱きつき正常位」です。脚を大きく開いた女性に男性が覆いかぶさるという、至って普通の正常位ですが、ポルチオに亀頭が強く当たりすぎないこと、男性が自分の体を安定しやすく小刻みのピストンを続けやすいことから、ポルチオの刺激に向いています。

次に「四つん這いバック」では亀頭がポルチオへダイレクトに当たりやすいため、刺激が強くなりすぎないよう気をつける必要はありますが、ポルチオへの刺激を好む女性からは人気のある体位です。腰を小刻みに振れるよう、男性は脚を肩幅程度に開いて体をしっかりと安定させ、女性は脚の開き具合で膣口の高さを調節します。身長差があり高さを合わせにくい場合は、女性がベッドのへりで四つん這いになり、男性はベッドから下りて床に立るかたちで高さを調節しましょう。

そして最後は、「松葉崩し」です。少し難易度の高い体位ですが、女性が得られる快感も大きいのでおすすめです。女性は横向きになり、上になったほうの脚を曲げます。男性は女性の脚の間に入って挿入したら、女性の太ももを抱えて小刻みなピストンでポルチオを刺激します。この時、ポイントになるのが、女性の体との角度です。恥骨がクリトリスに当たる角度から挿入すると、陰茎が膣のおなか側を圧迫してCUV複合体を刺激するため、クリトリス、CUV複合体、ポルチオへの三点攻めになります。四十八手の一つとして名高い体位ですが、それにはちゃんとした根拠があるのです。

◆「極浅ピストン」

膣の浅い部分には、女性が快楽を感じる要素が詰まっていて、浅いピストンを繰り返すだけでも驚くほどの快感を与えることができます。膣口から5センチほどの浅い挿入を素早く繰り返すと、亀頭の膨らみがＣＵＶ複合体を振動させ、集中的に刺激を与えることができます。しかも、膣の浅い部分は女性が感じるほどに厚みを増し、膣口を引き締める括約筋もあるので、男性にとっても亀頭や裏筋に集中的に刺激を受けることになります。

極浅ピストンはどんな体位でも行うことができますが、男性が上半身を起こした「上体起こし正常位」で行うと効果はよりアップします。上を向こうとする勃起力も手伝って、膣のおなか側を圧迫しながらこすることができます。

「寝バック」も効果的です。うつ伏せになった女性に後ろから挿入する寝バックは、体の密着度が高く女性に人気のある体位です。寝バックでは女性が脚を閉じ気味にするので膣口が狭くなり、極浅ピストンの刺激をより強く感じることができます。

ただし、膣口付近は摩擦で傷つくと痛みが生じやすいところです。極浅ピストンを行うときは、たっぷり濡れているか事前に確認してください。濡れ方が足りないときには潤滑剤を使いましょう。

【挿入編】④　女性が嫌う5大ピストン法

何となくセックスを盛り上げるためにやっているけれど、実は女性から嫌われているピストンがあります。代表的なものを5つ挙げておきます。基本的に、ストロークを長く激しく打ち付けるようなピストンは必要ありません。激しさは男性の感度を増すためのものかもしれませんが、結果として男女ともに、気持ちのいいものではないということを理解してください。

まずは、「ロングストロークピストン」です。陰茎を長いストロークで膣に出し入れするピストンです。大きく出し入れするということは、必然的に陰茎が膣の外に出ている時間が長くなり、実は、男女どちらにとっても快感に繋がりにくいことに気づきましょう。ロングストロークピストンでは男性が体を大きく前後に振ることから、体力の消耗も早くなり、中折れの原因になることもあります。さらに、濡れにくい女性にとっては、愛液が空気にさらされて乾きやすくなる最悪なピストンともいえます。

膣の奥をめがけて除夜の鐘のように勢いよく亀頭を打ちつける「除夜の鐘ピストン」も

同様にやめてください。特にバックのときにこうしたピストンをする人が多いようです。バックで挿入すると亀頭がポルチオに直接当たりやすくなるのですが、前述したように、ポルチオが感じるのは継続した「弱い振動」です。除夜の鐘のように打ち付けるピストンでは感じないどころか、痛みが生じます。

不意打ちでポルチオに強い衝撃を与えるのは、男性が睾丸を蹴られるようなものです。思わず大きな声が出ても、それは喘ぎ声ではなくて悲鳴です。膣に陰茎を挿入されると体の動きがある程度制御されてしまうという女性の体の特性上、痛みを感じてもすぐさま男性を突き放したり、腰を引いたりすることができません。そのため、女性の大きな声を「感じている！」と勘違いするかもしれません。これは除夜の鐘ピストンに限らず、強い刺激は相手から求められない限りは避けるようにしてください。

陰茎を素早く、強く打ち込む「激ピストン」もＮＧです。男性の下腹部が女性の大陰唇やお尻にぶつかってパンパンと音がするため、盛り上がりの演出として好む人もいます。しかし残念ながら肉体的な快感はそれほど強くありません。ピストンが速ければ速いほど、快感を得る部位への接触が減ることが原因です。男性にとってもそれは同じだと思います。

気持ちいいと感じるのには適切なスピードがあるのです。

また、激ピストンは女性からオーガズムを遠ざける行為のひとつです。激しく打ち付けられるほど「イカせようとしている！」とプレッシャーを感じるため、かえってイクことから遠ざかります。盛り上げる要素として激ピストンを取り入れるのも悪くはありませんが、取り入れる際には、濡れ方は十分なのか、痛みはないか、無理をしていないかなど、細心の注意を払いましょう。


江戸初期の色道指南書『房内戯草』では「九浅一深」というピストン法が紹介されています。この九浅一深法を行えば、１００回のうち99回は女性がオーガズムに達すると書かれているのですが、なんと、令和の時代でもこの九浅一深法を実践する人がいます。

9回浅くピストンして1回深く突くのを繰り返すのですが、はっきり言って女性受けはよくありません。「何回かに一度深く突くのはなぜ？（笑）」と気が散って仕方がないからです。それに、浅いピストンと深いピストンのとらえ方が男性によって異なるので、浅いピストンで油断している所へ限りなく深く挿入されると、除夜の鐘ピストンのようにポルチオに不快な強い衝撃を与えてしまう可能性もあります。

九浅一深法の他にも、○浅○深法というピストン方法があるようですが、女性は気持ちいいと感じたら、その刺激を継続してもらうことで快感が高まります。余計なことはせずに狙ったところへ一点集中で小刻みにピストンを行ってください。

また、お尻で「の」の字を書くピストン法や、ひと挿しするごとに腰を上下左右にずらしていく「碁盤責め」などもそうですが、大昔の指南書に書かれていることが正しくて素晴らしいセックステクニックだと思いこむのは危険です。女性の本音をもとに書かれているとは限らないからです。

もしかすると、現代のAVと同じように「こんなものをお手本にするなんて信じられない」と当時の女性たちから不評だった可能性もゼロではありません。

亀頭を膣の奥へ挿入し、すくい上げるように斜め上方向へと強く押し込む「すくい上げピストン」も不評です。亀頭でマグロでも釣るのかと思うほど、思い切りやる人がいます。膣の奥の奥に女性が感じる部位があると考えてこういったピストンをしているのか、興奮のあまり無意識にやってしまうのかは不明ですが、これも女性に痛みを与える原因になります。ポルチオの横には膣円蓋という溝があるのですが、深く挿入するとこの部分に亀頭が強く押し込まれ、女性に対して膣壁が突き破られそうな感覚を与えるだけです。

【快感増幅編】① クリトリスへの二点攻め

女性が好むピストンを習得したら、次は挿入の快感を増幅させるコツを覚えましょう。どれも簡単なひと手間を加えるだけですが、快感をアップグレードさせるためには欠かせないものです。

繰り返しになりますが、女性が最も感じるのはクリトリスの突起部分です。多くの女性が挿入中にイクことができないのは、陰茎によるCUV複合体やポルチオへの刺激だけでは快感が不足しているからです。挿入方法を工夫しても女性をイカせることができないのなら、それは男性の挿入がヘタだからでも、陰茎の大きさが足りないからでもありません。たまたまその女性の感じやすい部分が陰茎で刺激できる場所にはなく、膣の外にあるクリトリスだったと考えましょう。

クリトリスへの刺激を好む女性には、クリトリスへの刺激を追加してあげることで快感を与えてあげればいいのです。

方法はとてもシンプルで、挿入しながら指でクリトリスを撫でてあげるのですが、この時にひとつ注意すべきことがあります。ピストン運動で気持ちが高まっていることで、クリトリスを撫でる指についつい力が入りやすくなることです。興奮して指先でクリトリスを強くこすってしまい、快感を追加するどころか痛みを与えてしまうことがあります。

ピストン運動をしながらクリトリスを撫でる時には、第三章の二点攻めを思い出してください。二点を同時に刺激する場合にはメインとなる動きに集中し、二点目は触れるだけにするか、メインの動きと同調させることがポイントでした。それが、集中力を途切れさせることなく一定の刺激を続けるコツです。

ピストン運動中にクリトリスを撫でるなら、メインとなるピストン運動に集中し、クリトリスに指の腹を触れさせておくだけでも大丈夫です。手首が自分の腰に当たるようにしておけば、腰を振るたびに手が自動的に動いて、意識をせずともクリトリスを撫でることができます。あるいは、腰を前後に振る動きにクリトリスを撫でる指の動きを同調させることでも、ブレのない刺激を継続して与えることができます。

【快感増幅編】② 角度調整

性器にはひとりひとり個性があり、相手が代わると挿入感や当たりどころが変わるのが普通です。膣口の場所、膣のカーブ、深さ、陰茎の反り方、長さと太さ、亀頭の形などの特徴によって強い快感を得られることもあれば、双方にとって刺激を感じにくいこともあります。ピストン運動を続けてみて、物足りなさや動きにくさを感じたときには、膣と陰茎の角度を少し調節すれば変化を感じるでしょう。

女性主体で調節できるのは、腰の角度です。腰を反るか丸くするかによって、膣と陰茎のフィット感を変化させることができます。この変化が顕著に表れるのが、四つん這いバックです。女性が腰を反ってお尻を突きあげると、より深い挿入になるのと同時に、膣のおなか側への摩擦は強くなり、男性の陰嚢がクリトリスにリズミカルにぶつかり、とても刺激的な体位になります。「お尻を突きあげて」と伝えて背中を優しく押すと、この体勢に誘導できます。反対に、四つん這いバックで背中を丸くすると、膣口が下を向いて挿入しにくくなります。このように、腰を反ったほうがいいのか丸くしたほうがいいのかは体位によっても大きく違ってくるので、さまざまな体位で調節してみてください。

男性主体で調節できるのは、体の重心です。重心を高くするか低くするかによって挿入角度を変化させることができます。正常位では、膣口の位置によって無意識に重心を合わせていると思いますが、あえて重心を高くして上から下へと挿入したり、重心を低くして下から上へと挿入することで、挿入感が変わります。正常位なら重心を低くして下から上へと挿入すると、膣のおなか側の壁を刺激することができてＣＵＶ複合体への刺激に繋がります。バックでも同様に、脚を開く角度や腰の高さを調節して挿入角度を変えることができます。例えば、通常の四つん這いバックでは男性が膝をベッドにつきますが、立って四股を踏むように脚を大きく開き、上から下へと挿入することもできます。

海外のアダルトグッズメーカーには、sex furniture（性家具）というカテゴリーがあり、ふたりの体の角度を調節するためのサポートになるクッションやソファ、ベッドなどが販売されています。性家具は日本ではあまり普及していませんが、バスタオル、枕、大型のビーズクッションなど身の回りにあるもので代用することができるので、気軽に試してみてください。

正常位では、女性の腰の下に枕か折り畳んだバスタオルを敷くことで膣口の位置が上がり、挿入しやすくなります。陰茎が短くても亀頭がポルチオに当たりやすくなるため、一点集中の小刻みピストンでポルチオを刺激するのにも向いています。同様に、寝バックでは女性の骨盤の下に枕を置くことで膣口が上を向き、挿入しやすくなります。

大型のビーズクッションがあれば、腰痛や体力の低下に悩む人でも楽な体勢でセックスすることができてとても便利です。

体位変更は2〜3回でOK

飽きずに挿入を楽しむためには、正常位、騎乗位、バックといったように、どんどん体位を変えていくべきだと思われがちですが、実は体位を大きく変えなくても刺激を変えることができます。ふたりの体の位置を少し変化させるだけでも、全く別の体位のように新鮮な感覚を得ることができるのです。

例えば、女性が脚を大きく開く正常位と、脚を閉じた正常位では、挿入の深さと膣の締め付け方がまったく異なりますし、男性が上半身を起こす正常位と、女性の脚を肩に掛ける屈曲位でも、膣壁への圧力が変わります。バックでも四つん這いバック、立ちバック、寝バックでは肉体的な刺激だけでなく、心理的な刺激にも変化をつけることができます。こういった微調節をすることで、ふたりで同時に気持ちよくなれる体位を見つけていくことができます。

一度のセックスで何度も体位を変える必要はありません。体位を変える目的は、刺激に変化をつけていろんな感じ方を楽しむこと、ふたりに合う体位を見つけていくことです。敏感な男性にとっては、早く射精してしまわないように気を紛らわせるためです。逆に射精しにくい人にとっては、刺激に飽きないようにするためです。

とはいっても、セックスのたびに5回も6回も体位を変えるのはあまりおすすめできません。一度体位を変えて動いても、気持ちいい場所に当たるのかそうでないかは、少なくとも数分間は続けてみないことにはわかりません。せっかく「この体位、ちょっと気持ちいいかも」と思い始めたところで次の体位へと移ってしまうと、結果的に満足度は下がります。女性が気持ちよさそうにしているのなら、同じ刺激を続けるべきです。

セックス中に大きく体位を変えるのは2〜3回で十分です。前述の通り、ひとつの体位でも、女性が脚を開く角度や男性の挿入角度などにほんの少し変化をつければ、感じ方は大きく変わります。正常位、騎乗位、バックの3種類の体位でも、細かい調節で変化を楽しんでいけば「正常位なら抱きつき正常位で小刻みピストン、騎乗位ならグラインド、バックなら腰に枕を敷いた寝バックで極浅ピストン」というように、ふたりにとってしっくりくるものが見つかるはずです。

ここでも重要になるのが、もちろん「しゃべるセックス」です。しゃべってコミュニケーションを取ること。本書の指摘だけを鵜呑みにせず、どんな体位が好みなのか、あれこれ体位を変えて楽しみたいタイプなのか、ひとつの体位をじっくり味わいたいのかを話し合い、「さっきの脚を伸ばした体位と、今の脚を閉じた体位はどっちが好き?」などと感想を言い合うことが大切です。

挿入したまま体位を変えるべき？

「体位を変えるときは一度陰茎を抜いたほうがいいですか？　それとも抜かずに変えたほうがいいですか？」と質問をいただくことがあります。どちらかにこだわる必要はないのですが、無理なく体位変換できるときには抜かずに、スムーズに動くのが難しいときは一度抜いてから体位を変えるといいでしょう。

正常位から座位や騎乗位への変換のように、女性の体を起こすだけでいい場合には、わざわざ陰茎を引き抜かないほうが自然です。反対に、対面騎乗位からバックに移行するときは、挿入したまま女性の体を反転させて、背面騎乗位にしたうえで、起き上がって脚の位置を入れ替えてバックに――というような不自然な動きが入る場合は、無理をせず引き抜いてから体位を変えてください。小陰唇が引っ張られたり陰茎が曲がりそうになったりしてまで、〝抜かず〟にこだわるメリットはありません。

実は、体位変換で一度陰茎を引き抜くメリットもあります。挿入時間がある程度経過してくると、感覚に慣れすぎて麻痺してくることがあり、いくら動いても感じにくくなることがあります。これは男女どちらにも生じることで、珍しいことではありません。そんなときに一度抜いて体位変換することで、最初に挿入したときのフレッシュな感覚がよみがえることがあります。

体位変換の際に女性が困るのは、男性が何も言わずに突然陰茎を引っこ抜くことです。挿入するときにも陰茎を受け入れる心の準備がいりますが、引き抜かれるときにもやはり心の準備が必要です。というのも、突然引き抜かれると膣に空気が入ってブーブー音が鳴ることを気にする女性が多いからです。特にバックの体勢で引き抜かれるときは油断しているため、空気が入りやすいことに悩む人もいます。自分は気にならないとしても相手を思いやり、一度止めてからゆっくり抜くようにしてください。

性器のサイズ差による問題

挿入に関して男女どちらからも寄せられる悩みの多くは、性器のサイズの違いによって生じる問題です。たまたま出会ったふたりのサイズがジャストフィットすることのほうが珍しいとはいえ、サイズの差が大きいと性交痛の原因になり、セックスへの苦手意識が生じることもあります。

まず、陰茎が短いこと、細いことはあまり気にすることではありません。AVやエロ漫画などには大きな陰茎で大喜びする女性が描かれることも多いですが、女性たちは意外と大きさを求めてはいません。

陰茎が短いとポルチオに当たらなくて満足できないのか気になるかもしれませんが、日本人女性の膣の深さは約8センチです。勃起した状態で8センチあれば問題ありません。それに、必ずしも女性がポルチオへの刺激を必要としているとは限りません。むしろ、痛みを感じやすい女性もいるので、少し激しめにピストン運動をしてもポルチオを直撃しにくい短めの陰茎は、喜ばれることもあります。また、ポルチオへ当たらなければCUV複合体を刺激すればいいので、長さに自信がなくても女性と一緒に気持ちよくなることは可能です。

陰茎は細いより太いほうが強い刺激を与えることができると思われがちですが、そんなことはありません。理科の授業を思い出してください。鉛筆の両端を指で挟んで力を加えたときに、尖ったほうの指には痛みを感じますが、尖っていないほうは痛みを感じません。同じ力を加えても、接する面積が小さいと、圧力は大きくなります。つまり、細い陰茎は強い刺激を与えられないどころか、使い方によっては必要以上に強い刺激をポルチオや膣壁に与える可能性があるということです。陰茎の細さが気になる人は、ポルチオを突くときは細心の注意を払いましょう。そして、挿入角度を調節してみてください。重心を下げて下から上へと向かうピストンで、膣のおなか側をこするのを意識すれば、太い陰茎より感じさせることができます。

また、陰茎が細いことで膣の締め付けを感じにくいときは、女性が脚を閉じた正常位やバックの体位だと膣の締め付けも感じやすいので、ふたり同時に楽しむことができます。

一方、困るのは、長すぎる陰茎でポルチオへの刺激が強くなることです。奥に当たりすぎないよう注意していても、興奮してくると無意識に奥へ奥へと押し込んでしまうため、女性側はいつもヒヤヒヤしていて感じる暇がありません。

長い陰茎と浅い膣でサイズの不一致を感じる人は、挿入を始めるときになじませる時間を長めにとり少しずつ挿入していきましょう。そのうえで、寝バックや脚閉じ正常位などの、深く挿入できない体位を選び、極浅ピストン、小刻みピストンを続けてください。それでも、射精感が近づくと興奮して深く挿入してしまう場合には、ＯＨＮＵＴ（オーナット）というサポートアイテムを使うのがおすすめです。

ドーナツ状の柔らかいリングを陰茎の根元に装着して、膣に挿入できる部分を短くしてしまうので、女性も安心して受け入れることができます。男性は根元部分にも程よい締め付けを感じるので、意外に物足りない感じはないそうです。お互いにとってストレスのないセックスをするために、ふたりでよく話し合ったうえで導入してみてください。

次に、太い陰茎で女性が痛がる場合です。膣との摩擦が強いことが原因で、強い摩擦で何度も往復しているうちに、膣口まわりがヒリヒリし始めます。一度痛みを感じると、それが原因で潤いがストップしてしまい、ますます摩擦が大きくなる負のスパイラルに突入してしまいます。太い陰茎で女性が痛みを感じやすい人は、潤滑剤を挿入前と挿入中にたっぷり使って摩擦を軽減してください。

できればサラッとしたものより粘度のあるものを選んだほうが、摩擦の痛みを感じにくくなります。体位は女性が脚を大きく開くものを選びましょう。グラインドピストンは厳禁です。挿入時間が長引くとどうしても粘膜への負担がかかるので、長い前戯でお互いに盛り上がった後に、クライマックスとして挿入するなど、時間を調節すると、満足度の高いセックスをすることができます。

疲れるピストンと省エネピストン

アクロバティックな体位でもないのに数分でバテてしまう男性と、30分以上腰を振り続けられる男性の違いはどこにあるでしょうか？　筋力や持久力の違いかと思いきや、正解は、疲れないピストン法を知っているか否かです。

すぐにバテてしまう人のピストンは、必要以上に体全体を大きく動かしています。正常位なら、腕立て伏せのように腕で体重を支えながら胴体を上下に、バックなら肩から膝までの広い範囲を大きく前後させていて、見た目にもキレがありません。膣に陰茎を数センチ出し入れするために全身運動をするのは、エネルギーの無駄遣いです。

バテやすいもうひとつの理由は、ピストン運動を「突く」と「引き抜く」の繰り返しだと認識しているからです。腰を前に「突く」ことにも、後ろに「引き抜く」ことにもエネルギーを使い、消耗が早くなる原因になっています。

これらのピストン法では、いくら頑張ってピストンを続けたとしても、残念ながら女性を感じさせることはできません。体を大きく前後に揺さぶるピストンや「突き」と「引き抜き」を繰り返すピストンは、抜き差しの幅が乱れるため、女性が好む「感じる場所を同じ力で刺激し続ける」ことが難しいからです。

これらの半分以下のエネルギーで続けられる省エネピストンがあります。ぜひ実践して身につけてください。疲れを感じることなく、快感に集中することができます。

省エネピストンにはふたつのポイントがあります。ひとつ目のポイントは、自分の体をしっかり安定させることです。腕立て伏せのような正常位ですぐに疲れる人は、手と脚の位置が悪く、体が安定していないことが原因です。

脚を伸ばし気味にしているせいで、胴体の重みを腕だけで支えることになり、お尻を上下させることが困難になっています。

また、お尻を上下させるピストン運動では、体の重みを女性の股間に預けているため、女性にとっても負担になります。このようなピストンをしている人は、まずは脚を大きく開いて体を安定させましょう。

膝は女性のお尻の横につけ、腕は肘から先をベッドにつける四つん這いの状態になります。こうすれば体が安定するので、いくら腰を振っても重心がブレず、疲れにくくなります。

省エネピストンふたつ目のポイントは、上半身と下半身をなるべく動かさず、骨盤だけを動かすことです。骨盤だけを動かすコツは、後ろに振る場合は腰を少し反らせて尾てい骨を斜め上方向へと押し上げ、前に振る場合はお尻と下腹部の筋肉をキュッと引き締めながら恥骨を斜め上に押し上げることです。

挿入したら、骨盤の下端を後ろに振ってから元の位置に戻すこと、もしくは、前に振ってから元の位置に戻すことを繰り返します。この時に、後ろか前かのどちらかにしか振りません。こうすると、一定幅のピストンを最低限のエネルギーで続けることができます。

骨盤を後ろ振りか前振りの一方にするのには理由があります。

後ろか前のどちらか一方だけなら、振り幅をコントロールしやすいからです。前へ後ろへと振り子のように骨盤を振ると、前後両方の振り幅を意識しないといけないので安定しません。せっかく骨盤だけを動かすことができていても、ピストン幅がブレると意味がないのです。

省エネピストンを実践する際は、まず亀頭がポルチオに軽く当たる位置まで挿入し、自分の体をしっかり安定できるポジションを取ります。この位置がピストンの原点になります。その位置から骨盤を後ろに振って、元の位置であるピストンの原点に戻ります。この「振って戻す」ピストン法だと、前へ「突く」動きをしなくても亀頭は必ずポルチオに軽く触れる位置に戻ってきます。したがって、勢い余ってポルチオを強く刺激してしまうことはなくなります。ポルチオへの強い刺激が好きな女性が相手なら、亀頭がポルチオにしっかり触れるところをピストンの原点にするなどの調節もできます。

ほとんどの体位は後ろ振りだけで対応できますが、体位や挿入角度によっては前振りのほうが効率のいい場合もあります。前振りも後ろ振りと同じように原点から一定の幅で前に振ればいいのですが、振り幅がブレるとポルチオへ強く当たりすぎることがあるので注意しましょう。

腰まわりが硬い人にとっては、上半身と下半身を動かさずに骨盤を振るのは難しく感じるかもしれませんが、お風呂あがりに鏡の前に立ち、腰に手を当てて骨盤の下端を前後にゆっくりと振り、柔軟性を高める練習をしてください。

アダルトグッズの使い方

アダルトグッズと聞いてどんなイメージがありますか。女性がアダルトグッズを使おうと男性に提案したときに、男性には「俺は満足させられるのに」と反発したり、「やっぱり僕のじゃ気持ちよくないんだね」と落ち込んだりする人がいるそうです。

しかし、アダルトグッズは敵ではなく、頼りになる存在です。前戯中だけでなく挿入中に使うこともできるので、自分の体の一部だと思ってセックスに取り入れてみましょう。

アダルトグッズを選ぶときには注意することがあります。男性目線で選ぶと、振動がパワフルなもの、イボイボがびっしりついているもの、スイッチを入れると派手に光るものなど、いかにも強そうなものを選びます。

　子供の頃に戦ごっこで使うおもちゃの選び方に似ていて、ちょっとかわいらしいところもあるのですが、アダルトグッズは繊細な粘膜に使うものなので「強そう」という視点は必要ありません。他方、女性はうるさくなくて快感に集中できそうなもの、肌になじみそうなもの、見た目が猥雑ではないものを選ぶ傾向にあります。

　大きさにも注目してください。挿入するタイプのグッズには、亀頭より硬い素材でできたものが多く含まれています。自分の亀頭と同じくらいの大きさを選んだつもりなのに、実際に挿入してみると硬さのせいで違和感が強く、挿入できないことがあります。「このくらいかな」と思うサイズのひと回りかふた回り小さいものを選びましょう。それでも案外しっかりした挿入感を得ることができます。


　初めてアダルトグッズを取り入れるとしたら、クリトリスを振動させるローターがおすすめです。クリトリスの突起部分にそっと当てるだけで動かさなくてもいいので取り扱いが簡単ですし、挿入中に女性が自分でクリトリスに当てて使うこともできます。陰茎の根元に装着するタイプのローターは、手を使わずに刺激を与え続けることができて、女性からも人気があります。

ただし、アダルトグッズをサプライズで登場させるのはおすすめできません。せっかく購入したのに、女性が強い抵抗を感じてしまうこともあるからです。お店に足を運ばなくてもインターネットでたくさんのアダルトグッズを比較することができるので、ふたりで意見を交わしながら楽しく選んでみてください。その時間も立派な前戯になりますよ！

射精がセックスの終わりではない

挿入中にイケる女性はとても少ないと述べてきました。調査の規模によっても数値にブレはありますが、挿入中にイクことができる女性は約20％だと言われています。女性が快感を得やすいのは圧倒的にクリトリスなので、ふたりで工夫してセックスを進めていかないことには、女性がセックスで肉体的な満足感を得ることはできません。

しかし、ほとんどの男性がお決まりのコースでキス、前戯、挿入と進めていき、自分のペースで射精すると、当たり前のようにセックスを終了させてしまいます。女性にイッた様子がなくても、「女性は挿入でイキにくいからしかたない」で終わらせている男性が多いと思います。しかし、これはフェアではないと思います。

射精によってセックスが終わるわけではありません。男性がイッたあとは、相手の女性が感じやすい方法で後戯をしてあげるのがベターです。

男性のなかには射精した瞬間にセックスへの興味が消失するタイプもいますし、女性が後戯を望まないこともあります。それならば、前戯でまず一度女性がイクところを見届けてから挿入するといいように思います。ふたりで「しゃべるセックス」を実践しながら、お互いの理想のセックスに歩み寄っていくことが大事なのです。

第五章　セックス質問箱

「イッたふり」の演技は見分けられる？

男性から「女性が本当にイッたのかどうかを見抜くコツを教えてください」という質問をよくいただくのですが、女性の演技を見抜くことはまず不可能です。セックスのたびにイッたふりをしている女性は回数を重ねるたびに慣れていくため、セックスの盛り上がりに合わせてナチュラルに演じることができます。荒い呼吸、感極まったような喘ぎ声、体を硬直させてビクンビクンと痙攣してから力を抜いて、ぐったりする。一連の流れが身についている人もいて、何千人もの女性とセックスしてきたベテランのAV男優ですら見抜くことは難しいそうです。

第一章でも述べたように、女性がイッたふりをするのは、男性の気持ちを盛り上げるためです。男性を楽しませたい、自信をもってほしいという気持ちでついついやってしまいます。しかし、理由はそれだけではありません。自分の気持ちを盛り上げるためにイッたふりをする女性もいます。

私の友人は「喘ぎ声もイッたふりも祭りを盛り上げているようなもの」と言っていました。喘ぎ声は、神輿の掛け声で「ワッショイワッショイ」、イッたふりは爆竹や花火のようなもので、祭りと同じようにセックスを楽しんでいるのかもしれません。

体はイッてなくても喜びがクライマックスに達した瞬間だと受け止めてあげるのも優しさです。「本当はイッてないよね?」と口にするのは興ざめなのでやめておきましょう。演技をやめさせようとは思わずに一緒に祭りを楽しんでください。

しかし、男性からの「イキそう?」というプレッシャーに耐えきれない場合、または早く終わらせたくてイッたふりをしているケースは、セックスのやり方を根本的に見直す必要があります。第二章の「しゃべるセックス」を徹底し、ネガティブなことも伝え合う関係を目指してください。

男性に開発されて感じるようになる?

濡れやすい女性、少しの刺激でも感じてしまう女性、意図せず潮を吹いてしまう女性は、パートナーから「本当は慣れてるんでしょ?」「経験人数はもっと多いよね?」と疑われて信じてもらえないといった悩みが多く届きます。

同じ女性でも、初めは痛いばかりでも、回数を重ねて男性に「仕込まれて」いくうちに快感に目覚めることができると勘違いしている人もいます。同様に男性が勘違いをしてもおかしくありません。

マスターベーションのオカズとして使っているエロ漫画やAV、官能小説などには、男性が女性を開花させるような描写が多く含まれていることもあり、その傾向は性別を問わず、どちらにも見受けられます。

しかし、濡れやすいこと、感じやすいこと、潮を吹きやすいことは、男性から教えられて身につくものではなく、また、回数をこなせばできるようになるものでもありません。ただの生まれもった個性であり、個人差です。男女が「しゃべるセックス」を駆使して、それぞれ目標をもってセックスを行うのであれば、お互いに開発することは可能ですが、それには濃密なコミュニケーションと、これまで本書で紹介してきたテクニックが必要だと思ってください。

中イキ開発はできる?

一般的に「外イキ」は外陰部にあるクリトリスの突起部分を直接刺激してイクこと、「中イキ」は主にセックスで膣に陰茎を挿入しているときにイクことを指します。「中イキ」をクリトリスに一切触れずに膣のみの刺激でイクことだと認識している人も多いのですが、これは大きな間違いです。

第三章と第四章で説明したように、膣から刺激できるＣＵＶ複合体もその一部はクリトリス本体であり、陰茎の出し入れを通じてクリトリスを刺激することになります。つまり、ざっくり言ってしまえば、外イキと中イキの違いはクリトリス本体への外からの刺激でイクか、膣への刺激でイクかという手法の違いにすぎません。そう考えると中イキに執着する必要はないことがわかります。

それでも愛する人と性器で繋がっている状態で一緒に気持ちよくなりたいと願う女性は多く、挿入によるＣＵＶ複合体、ポルチオの同時刺激でより複雑なオーガズムを得たいと思う女性もいると思います。パートナーのそういった思いを叶えるために、できる範囲で中イキの練習に協力してあげるのも素敵だと思います。

外イキ中イキに限らず、多くの女性にとってセックスでイクことは簡単ではありません。生まれもった体質でイク感覚を掴みやすい人もいれば、年齢を重ねるごとに少しずつ知っていく人もいます。お互いに焦らず「いつか中イキできるといいよね」という気持ちでいるくらいがちょうどいいと思います。

女性がセックスで中イキするためには、「中イキしてみたい」という本人の意思、自分の体の構造を知り、マスターベーションで感覚を掴むこと、男性が女性の体についての知識を身につけること、セックス中にコミュニケーションを取ることです。

繰り返しになりますが、「次はこの体位を試してみよう」「さっきのほうが気持ちよかったかも」「クリトリスも触ってほしい」「気持ちいいから続けて」と遠慮なく報告できる関係性を築くことから始めましょう。

経験を積めばセックスは上手になる?

セックス経験の多い人が自分のセックスをうまいと思い込んでいることもありますが、経験人数とセックスの上手さは比例しません。むしろ人数が多いだけの人ほど女性の体のことをわかってなくて、女性にイッたふりをさせています。ひと晩限りや短い期間のセフレは、相手の良くないところをわざわざ指摘してまで雰囲気を悪くするより、気持ちいいふりをして早く済ませることを選択しているからです。

これは男性も同じです。「セックスがうまいって言われるんだよね」と言う女性が実際にはヘタでも、わざわざ「下手だよ」と言って場の空気を悪くすることはないと思います。


セックスがうまいというのは、どんな相手でもイカせることではなく、相手の好みを上手に聞き出しながら自分の好みも伝えて、ふたりにとってベストなセックスをつくりあげることを指します。本書の第二章から第四章を読んで実践すれば、誰でもセックス上手になるはずです。

マンネリは防げる？

同じ人と何度もセックスしているとマンネリ化します。「最近セックスがマンネリ化しています。このままではセックスレスになりそうで怖いです。何か刺激のあるプレイを取り入れたいです。アイデアはありませんか？」という質問もよく届きます。

セックスのマンネリ化を防ごうとネットで「セックス　マンネリ」で検索すると、ソフトＳＭやコスプレなどの刺激を加えることをすすめる記事がヒットします。ソフトＳＭやコスプレに興味があるのであれば試してみるのも手です。しかし、刺激のありそうなプレイに片っ端から手をつけていくだけではマンネリから逃れることはできません。プレイのアイデアはいつかは尽きるからです。

確かにセックスの回数を重ねていくと内容がルーティン化しやすく、同じ体の同じ反応を見ていると新鮮味は薄れてきます。しかし、新鮮味が薄れたくらいでセックスレスの傾向があるとしたら、双方が心身ともに満足のいくセックスができているとは、私には思えません。そもそも満足のいくセックスができていないのにさまざまなプレイに手を出しても、一時しのぎにしかなりません。ネタが尽きると再びマンネリに悩むことになるでしょう。

マンネリ化を心配するカップルにすすめるのは、バニラセックスを極めることです。バニラはアイスクリームのフレーバーの中では最もノーマルなものであることから、平凡で、プレイ的要素のないセックスのことをバニラセックスと言います。つまり、キスして前戯をして、正常位で始まり正常位に終わるようなごく普通のセックスのことです。また、

「退屈なセックス」を指すこともあります。

しかし、バニラアイスクリームにも低価格な「バニラ風味」のものと、搾りたての生乳に本物のバニラビーンズで香りをつけた高級なものがあり、食べたときの幸福感や満足度には違いがあります。同じようにバニラセックスも、ただ何となくこなすだけの暇つぶしセックスと、ひとつひとつの過程をふたりの好みに合わせたセックスでは幸福感や満足度が大きく違うはずです。

時間をかけて最高のバニラセックスを作りあげてしまえば、たまにはチョコレートシロップをかけたりフルーツを添えたりするつもりで、ソフトＳＭやコスプレなどのちょっとした刺激を取り入れるだけでも変化を楽しめるはずです。キスや体の触れ方などの細かいところにまでこだわって最高のバニラセックスを完成させましょう。

セックスには相性がある？

「彼とはセックスの相性がいい」「キスしただけでセックスの相性がわかる」という話はよく聞きますが、セックスに相性はあるのでしょうか。

「セックスの相性」には定義がありません。何をもって相性の良し悪しを感じているのかは、完全に個人的な感覚によります。

私の意見では、セックスする相手との性器や体のフィット感、前戯と挿入にかける時間の長さ、好きな体位、テクニック、性機能の強さ、反応やパフォーマンスの良さ、性欲の強さ、性的好奇心、セックスしたくなるタイミング、セックスに求めるもの、自信を持たせてくれるかどうか、性的に興奮する外見かどうか、事後の過ごし方、匂い、肌の質感、性癖などの項目のうち、合うものが多いほどセックスの相性がいいと感じるようです。しかし、周りの友人たちに聞いてもそこまで細かいところにこだわらないという人が多数派です。

傾向として男性の場合は、女性が感じてくれたか、女性の性的好奇心が自分と同等か、自分が思った通りのパフォーマンスを発揮できたかどうかで相性を感じるようです。女性の場合は抱き合ったときの肌感と自然に発する体の匂い、キスやハグなどの精神的な満足度、男性から強く求められたかどうかでセックスの相性を感じているようです。

「セックスの相性」とは抽象的な概念で、気持ちひとつで感じ方は変わるため、初めは「セックスの相性最高！」と思っていたのに、回数を重ねていくうちに「やっぱりキスがしつこすぎて嫌かも」「冷静になると喘ぎ声がわざとらしい」など、あれこれ気になってくることがあります。それに長い期間のお付き合いになると、お互いに外見も体力も性機能も変化するのは当たり前。セックスに求めるものも、ライフスタイルも、性的嗜好さえも変わる可能性があります。そうやって変化していくうちに、しっくりきていたものが合わなくなることだってあり得ます。

セックスの相性を語る上で大切なのは、相性のいい人を見つける方法よりも、相性が合わないと感じた時にどうするかです。匂いや肌質や体の特徴など努力で変えられないものもありますが、それ以外のものはほとんど調節することができます。前戯に違和感があれば自分の好みを教える。新しいやり方をふたりで探す。挿入感が合わないと思ったら角度を調節する。新しい体位を試す。アダルトグッズに助けられることだってあります。こうやって工夫をすれば相性を合わせることはできます。

「相性は気分次第」「相性は変えられる」とはいえ、キスの段階で「セックスの相性がいいかも」と思わせる技もあります。キスでセックスの相性を測っている人が見ているのは、相手の動きに合わせて動けるか、独りよがりではないか、気分を盛り上げられるかの3点です。第三章で紹介したキスができるようになればこの3点すべてに当てはまるので、相性がいいと思われる確率は上がるはずです。

女性は包茎が嫌い?

「包茎は女性から嫌われますか?」。これもよく聞かれる質問です。そこで包茎を気にする方に聞きたいのですが、女性のクリトリスが皮を被っていたら気になりますか? 恐らく多くの方はクリトリスに皮が被っているかどうかなど気にしたこともなかったと思います。

包茎に対する女性の意見もほぼ同じで、ほとんどの人が包茎を気にしていません。日本人男性の7割が平常時は皮を被っていて勃起すると亀頭が顔を出す仮性包茎だと言われており、気にするどころかそれが普通だと思っているといっても過言ではありません。

包茎の男性が気にしているのは見た目だけではなく、女性に与えられる挿入感が包茎でない人と比べて劣っているのではないかということだと思います。包茎でない人のほうが女性を喜ばせることができそうなイメージがあるかもしれませんが、実際のところ、女性は包茎とそうでない陰茎の違いをあまり感じていないと思います。

陰茎は長さも太さも凹凸もカーブもひとりひとり違っているので、誰とセックスしても「何となく前の人とは違うかも」程度は感じていても、どこがどう違うとまではわからない人がほとんどではないでしょうか。

私を含めて男性の包皮がむけているかむけていないかを意識する女性もごく一部にはいますが、優劣をつけているのではありません。包茎はピストン運動をするたびに皮が動くことで絶妙な快感を生み、完全にむけていると裏筋やカリの感触がハッキリと感じ取れてどちらにも良さがあると思っています。実はマスターベーションに使う陰茎を模したディルドにも、皮を二重構造にした包茎モデルが存在しているのですが、かなりマニアックな領域での違いなので気にしなくていいでしょう。

女性にとって気になることがあるとすれば、包茎だと汚れや匂いがたまりやすいことです。亀頭と皮の間に汗や皮脂や尿などが溜まって恥垢になり、菌の温床になります。匂い予防や性感染症予防のためにも、包茎の人はセックス前に皮をしっかりむいてボディソープでよく洗うことが大切です。

勃起しても亀頭が露出しない真性包茎や、包皮の出口が小さく亀頭を露出させると陰茎を強く締め付けるカントン包茎などは、セックスに支障が出る場合もあり、泌尿器科で相談することが必要です。

早漏は嫌われる？

国際性機能学会のガイドラインでは、挿入後1分以内に射精してしまうこと、男女が共に満足できるまで挿入時間をコントロールできないこと、早く射精してしまうことを苦痛に感じていることを「早漏」と定義します。つまり、射精するまで1分以上持ったとしても、パートナーを満足させるに十分な時間を挿入し続けられなかったり、そのことを苦痛だと感じていれば早漏だということです。

早漏に悩む人は世界的に見てもとても多く、2017年に行われたTENGAヘルスケアの調査では、日本人成人男性の１３００万人、約３・５人に１人が早漏で悩んでいるということがわかりました（【調査概要】調査方法：インターネットによるアンケート調査／調査実施期間：２０１７年７月19日～２０１７年７月20日／リサーチ会社：楽天リサーチ株式会社／調査対象：全国の20～70代の男性／サンプル数：４８６人）。

早漏の原因は脳の興奮と男性器の敏感さ、勃起力や射精をコントロールする筋力の低下によるものです。あまり知られていませんが、早漏は治療することができ、専門のクリニックでは薬物療法、トレーニング、カウンセリングによる治療が行われています。自分でなんとか対策してみたいと思ったら、次の３つの方法を試してみましょう。

まずは厚めのコンドームを使うことです。コンドームは薄いものに人気が集中していて、最も薄いもので０・０１ミリのコンドームも販売されていますが、一方で０・１ミリを超える極厚タイプのものもあります。厚ければ厚いほど摩擦による刺激を感じにくくするので、亀頭の敏感さが気になる人は試してみる価値があります。

次に、専門のクリニックでも推奨される「ストップ&スタート法」というトレーニング方法があります。パートナーに手で陰茎を刺激してもらい、射精しそうだと感じたらそれを伝えて刺激をやめてもらうことを何度か繰り返してから射精します。要するに寸止めを繰り返す練習です。

このトレーニングでのコツは「もう出ちゃう!」と感じる時点ではなく「この気持ちよさが続くとイッてしまいそうだ」と感じた時点でストップすることです。快感は車と同じで急ブレーキをかけてもすぐには止まりません。早漏の人が我慢しようとするタイミングは「もう出ちゃう!」のときであることが多く、いざ刺激にブレーキをかけても、快感が止まらずに射精してしまうことがあります。その一歩前の段階でブレーキをかける練習が必要なのです。ひとりでもできるので、マスターベーションの際にもやってみてください。

また、骨盤の底にある骨盤底筋を鍛えるトレーニングも早漏の改善に繋がると言われています。骨盤底筋は内臓を支え、排尿や排便をコントロールするなど重要な役割を担っています。この部分に力を入れると、陰茎がグッと硬くなることを感じたことがある人も多いと思いますが、勃起や射精とも深く関わっています。

骨盤底筋のトレーニングは、排尿を途中でやめるときに使う筋肉に10秒間力を入れて10秒間リラックスするだけ。会陰に触れると力が入っていることが確認できます。姿勢を正してお尻や太ももの力を抜きましょう。

ちょっとしたトレーニングの積み重ねで射精までの時間を少しずつ伸ばしていければいいのですが、コンドームを着ける段階で射精する、到底がまんなんてできないという方はぜひ専門医に相談してください。オンラインで相談できるクリニックもあります。

早く射精してしまうことを情けなく思ったり、女性を満足させることができないと嘆く人もいますが、早漏のパートナーに対する女性の最大の不満は、持久力のなさではありません。女性の欲求を配慮してくれないことです。射精までの時間が短いのなら、前戯でたっぷり女性を愛撫してイカせてあげるとか、前戯で女性がイキそうになるギリギリのところまで愛撫してから挿入するとか、射精した後に女性が満足できるようケアするなどの工夫をしましょう。

長く腰を振れるかどうかよりも、気持ちよくさせてあげたいと考えることが大切なのです。双方がセックスで満足することができれば、たとえ1分で射精しても何の問題もありません。

遅漏は嫌われる?

遅漏に明確な定義はありませんが、十分に勃起して性的興奮状態になっているにもかかわらず、射精が困難だと感じられることが遅漏と考えられています。また、マスターベーションでは問題なく射精することができても、セックスでは膣の中で射精することができない「膣内射精障害」も問題です。

セックスで満足に射精できず、挿入時間が長くなると女性の体に負担がかかることから、男女ともにストレスを感じてしまうこともあります。

遅漏や膣内射精障害の原因は、不適切なマスターベーション、セックスや射精に不安を抱えていること、アルコールや薬物などですが、実は遅漏や膣内射精障害の原因の70・9%は不適切なマスターベーションが原因だと言われています(阿部輝夫『オルガズム障害とセックス・セラピー、セックス・カウンセリング入門 第2版』金原出版)。

不適切なマスターベーションとは、床などの硬い場所に陰茎を押し付け圧迫する通称「床オナニー」、強く陰茎を握ったり高速でこすったりすること、アダルトグッズによる振動、脚をピンと突っ張らせることなどです。セックスで得られるのとは違った種類の刺激や強すぎる刺激、セックスで再現できない姿勢でのマスターベーションに慣れすぎると、実際のセックスでは射精しにくくなります。

個人的な意見ですが、インターネットで気軽にエロ動画を観られるようになったことも原因のひとつになっているような気がします。スマホを片手にインターネット上で違法ダウンロードのエロ動画を探しながらマスターベーションをしているという話をよく聞きます。あれでもないこれでもないと次々に動画をクリックしていき、脳がより強く興奮するものを探しながらのマスターベーションは、無意識に軽い寸止めを繰り返しているようなものです。早漏改善トレーニングを日々行っているのと同じです。それに、エロ動画でより視覚的刺激の強いものを追い求めるようになるので脳がどんどん贅沢になり、実際のセックスでは脳が興奮しなくなっているのかもしれません。

不適切なマスターベーションをしている人は、少しずつ低刺激のマスターベーションに慣れていきましょう。ＴＥＮＧＡヘルスケアからはマスターベーションで遅漏改善トレーニングができる専用のカップも出ています。こういったサポート用品を利用するのも改善の一助になりますよ。

勃起・射精トラブルはパートナーに相談すべき?

勃起や射精のトラブルを感じているなら、まずはパートナーに相談しましょう。男性特有のトラブルは自分自身で認めることも簡単ではないでしょうし、なるべく話題にせず済ませたいと思います。しかし、言わなければバレないものでもないので、女性も悩んでいます。実際に私のところには「彼が早漏です。私は気にしていないのに彼は自信を失って毎回謝ってきます。どう対応していいのかわかりません」「パートナーが私の中で射精したことがありません。私に魅力のないのが原因でしょうか。どうやったらイカせることができるか教えてください」といった深刻な相談が寄せられています。

悩みを打ち明けられずに男女どちらもモヤモヤした状態でセックスを続けていると「ま

た早くイッて彼女を感じさせることができなかった」「前回は失敗して彼女の前で恥をかいたから、今日こそはちゃんと射精したい！」と自分自身にプレッシャーをかけ、結果的に症状が慢性化する可能性もあります。

勃起や射精に関して不安があることを打ち明けて理解してもらうだけでもセックス中のプレッシャーを軽減させることができます。するとお互いにリラックスしてセックスすることができるようになるはずです。

打ち明けた後は、今後セックスをどう楽しんでいけばいいのかを話し合いましょう。前戯と挿入のタイミング、セックスを終える目安、腟の粘膜を守る潤滑剤や前戯の手助けになるアダルトグッズの導入などについて話しておくと安心してセックスに臨むことができます。

挿入や射精はセックスの一部ではあるけども必須ではありません。肌と肌の触れ合いを楽しむつもりで楽しんでみてください。

そもそも、早漏にせよ遅漏にせよ射精までの平均時間に比べて早いとか遅いとか言ってるだけです。早かろうが遅かろうが、たとえ射精できなかろうが、セックスするふたりにとって不満がなければまったく問題はないのです。

膣の粘膜が弱い女性や、早漏男性と同様にイクのが早くて興奮が一気に覚めてしまうタイプの女性にとっては、早漏男性はちょうどいいと感じるでしょう。また膣の粘膜が強く、体力もあり、性的好奇心が強いタイプの女性にとっては、射精までに1時間かかる男性はウェルカムです。マッチングによっては最高のパートナーとなることもあり得るのです。合わなければ前述のように合わせる工夫をすればいいだけのことです。

遊んでなければ性感染症の検査は必要ない?

安心してセックスを楽しむには性感染症（STD＝Sexually Transmitted Diseases）についての知識が欠かせません。

これまでに性感染症の検査を受けたことがありますか？　「不特定多数と遊んでいるわけじゃないので検査を受ける必要はない」「真面目な人としか付き合ったことがないから感染しているわけがない」と思っている人がとても多いのですが、性感染症は不特定多数とセックスしている人だけが感染するものではありません。出会いがお見合いでもマッチングアプリでも関係ないのです。

母子感染や元々性器に持っているＨＰＶ（ヒトパピローマウイルス）などのことを含めると、これまでに性経験を一切持たない童貞と処女のカップルだとしても性感染症のリスクはゼロではありません。

膣に挿入するセックスだけでなく、キス、オーラルセックス、アナルセックスでも感染します。お風呂で体を洗って清潔にしてからセックスすること、必ずコンドームを装着すること、相手の性器や体液に触った手で自分の性器や目に触れないこと、体に傷や出血がある時はセックスしないこと、セックス後にお風呂で体を洗い流してうがいをすることなどで感染の可能性を軽減することができます。

それでもたった一度のセックスで感染してしまうこともあります。安心して心からリラックスできるセックスをしていくためには、定期的な検査を受けることをおすすめします。

「性感染症の検査を受けてとお願いするのは疑っているみたいで悪い」と思うかもしれま

せん。しかし、自分の身を守るためだけでなく相手を守るためにも大切なことです。一緒に検査を受けに行くのもおすすめです。

検査を受けることができるのは各自治体の保健所や医療機関です。それぞれのメリットとデメリットを記しておきます。

①保健所

メリット／検査費が無料。匿名で受けることができる

デメリット／検査項目が少なく自治体によってはＨＩＶ、梅毒しか受けられないことも。検査日が限られており、結果も直接聞きにいかなければならないこともある

②医療機関（泌尿器科・性病科・（女性なら）婦人科）

メリット／喉の検査を含めさまざまな種類の項目を検査することができる。休診日でない限り好きなときに受診できる。クリニックによってはウェブ上やメールで検査結果を確認できる。検査で陽性となった場合には治療もできる

デメリット／検査費がかかる（何か症状がある場合は保険適用）

忙しくて検査に出向けない人は、オンライン診察や自宅で血液や尿を採取して郵送する検査キットを使う方法もあります。

コンドームは何を買えばいい？

性感染症の予防や予期せぬ妊娠を防ぐために、コンドームは必ず使用しましょう。コンドームは、しかたなく使う「セックスの邪魔者」ではありません。選び方次第でいいサポーターにもなります。着けているほうが気持ちよく感じる特殊な潤滑剤が塗布されているもの、あえて締め付けて男性の快感を増すもの、早漏防止になる厚めのもの、表面の小さなつぶつぶで女性への刺激を増やすもの、摩擦の痛みを軽減させるための工夫がなされたものなどさまざまなものがあり、その日の気分によって使い分けるのも楽しいものです。

なお、コンドームを着けることで痛い、痒いなどの不快感がある場合は、自分に合っていないものを使っている可能性があります。

自分か女性のどちらかに痛みが出る場合は、サイズと素材の見直しましょう。締め付けで痛みを感じる場合はサイズが合ってない可能性があります。一般に販売されているサイズ表記のないものはMサイズですが、直径の大きいLサイズやXLサイズのものもあります。店頭ではあまり見かけませんがネットで購入することができるので、ストックしておきましょう。

また、女性側がコンドームによる摩擦で痛がる場合は潤滑剤がたっぷり塗布されたものもあります。もちろんそれとは別に潤滑剤を1本用意しておくと安心です。0・01ミリや0・02ミリの極薄のコンドームは体温が伝わりやすいことから男女どちらからも人気ですが、ポリウレタンというやや硬い素材でできているため、しわになった部分の摩擦で痛みを感じる女性もいます。

コンドームを着けて痒くなる場合は、一般的なコンドームの素材であるラテックスへのアレルギー反応かもしれません。ポリウレタン製やイソプレンラバー製のものを選びましょう。

コンドームが途中でズレて外れそうになる場合は、細めのSサイズに変更するか、陰茎への密着感にこだわったものに変更してみましょう。コンドームを正しく装着できていないことが原因のこともあるので、装着方法をチェックしてみてください。コンドーム選びもふたりで相談すればセックスについて話し合ういいきっかけになるでしょう。

コンドームの正しい装着方法は？

コンドームを正しく装着できていますか？　男性がコンドームを着けるところを見ていると、装着方法を間違っている人が意外と多いことに気付きます。コンドームの装着方法なんて誰からも教わらないのでほとんどの人が自己流で着けていると思うのですが、実は正しい装着方法があります。正しく装着できていないと避妊や性感染症予防としての効果を発揮しないので、一度装着方法を確認して練習してみてください。

まず聞いておきたいことがあります。そのコンドームは自分で購入して準備したものでしょうか？　人からもらったコンドームやホテルに置かれているコンドームは保管状況がわかりません。誰かがいたずらしたり、使用期限が切れているかもしれません。自分で購入して専用のケースに入れておくなど、安心して使える状態にしておきましょう。

さらに余分な皮がない人は根元までスルスルと装着しやすいのですが、仮性包茎の人は皮が邪魔になって根元まで装着できていないことがあります。一度で巻き下ろせるところまでで終えてしまうと、挿入中にずれたり外れたりすることがあるので、根元までしっかり装着しましょう。

まずは袋に書かれた「表」と「裏」を確認します。袋を開けるときは中のコンドームを端に寄せて、中途半端に開けずに切り口を完全に切り離します。そうすると切り口でコンドームを傷つけることなく取り出すことができます。

コンドームを取り出したら、精液だまりを指で優しくつまんで空気を抜きます。この時にもう一度コンドームの裏と表を確認しておきましょう。巻き下ろせる状態になっていますか?

精液だまりをつまんだまま亀頭にコンドームを乗せ、そこから巻き下ろしていきます。ここで巻き下ろすことができず表と裏が反対になっていることに気付いたら、残念ですがそのコンドームは廃棄しましょう。

そのままひっくり返して使ってしまうと、尿道口から出たカウパーが付着した面が膣に触れることになるので、避妊と性感染症予防のために新しいものを使ってください。もったいないと思うのなら、コンドームの巻きの部分で表と裏を確認するのを忘れないようにしましょう。

陰茎の根元までスルスルと巻き下ろせた人は装着完了です。仮性包茎の人はコンドームを持つほうの反対側の手で皮をむいてから巻き下ろします。

最後まで巻き下ろしたら、ここからがポイント。コンドームを装着した部分を手で持って皮ごと上にスライドさせます。これで根元のほうへたぐり寄せていた皮が伸びます。

この状態にしたまま反対側の手でコンドームを巻き下ろします。新たに巻き下ろした部分を手で持って上へスライドし、さらに巻き下ろすことを繰り返します。こうすると根元までしっかり装着できるので、挿入中にズレたり外れたりする事故を防ぐことができます。

コンドームの装着が得意でない人は、お徳用タイプのコンドームを使ってマスターベーションのときに練習してください。

生理中でもセックスできる？

生理中のセックスは、基本的にできないものと思ってください。生理期間中の女性はホルモンバランスのせいで性欲を感じにくく、体調が悪くてセックスどころではない人もいます。それに体調に問題がないとしても生理中のセックスはデメリットがとても多いのです。

生理は経血を排出する期間です。この期間中にセックスをすると経血が腹腔内に逆流することがあり、それが子宮内膜症という病気の原因になる可能性があります。それに、生理中の外陰部や膣内は普段よりも傷つきやすく、男性側にも経血がつくことが避けられないので、男女どちらにとっても感染症のリスクが高まります。

ただし、生理中は性欲を強く感じる女性もいて、セックスできないことでストレスを感じることもあります。もしもお互いに我慢できず生理中にセックスする場合には、体に負担がかからない程度に時短セックスで済ませましょう。それぞれお風呂に入って体を清潔にして、必ずコンドームを装着してください。「生理中なら妊娠しないからコンドームを着けなくてもいい」と勘違いしている人もいますが、生理中でも妊娠の可能性がゼロではありません。

女性のアソコはどこまで洗っていい？

お風呂で軽く前戯をするのも素敵だと思います。一緒に湯船に入っているだけでもドキドキしますし、ボディソープの泡を使って体を洗い合うのは気持ちのいいものです。

しかし、男性の手が股間へ伸びてきて、ボディソープがたっぷりついた指を膣に入れてしまう人がいます。これはダメです。

女性の膣には常在菌がいて雑菌が入ると追い出してくれるようになっているので、膣は洗いません。お湯やボディソープを膣に入れると常在菌のバランスが崩れて自浄作用が弱くなってしまうので、そこは洗わないようにしましょう。

外陰部を指で撫でて洗うだけで十分です。ボディソープのヌルヌル感でたっぷりと愛撫してあげたくなるかもしれませんが、ボディソープの洗浄作用が粘膜には強すぎるので、洗い流してオーラルセックスへと続けるといいでしょう。

セックス前に準備することは？

セックスを予感するデートの前には誰もが身だしなみに気をつけていると思いますが、ここでもう一度チェックしておきましょう。

爪は短く切りそろえて清潔にしていますか。爪が伸びていると外陰部や腟を愛撫するときに爪が当たって傷つけることがあります。爪の間にたまった雑菌が原因で腟炎になることもあります。爪を短く切りそろえられない事情がある人は、指用のコンドームを使うのもおすすめです。滑りがよく腟を傷つけにくくなるので女性からも好評です。
口臭予防のために念入りに歯磨きするのも基本中の基本。舌の表面についた舌苔も除去すれば口の中がスッキリして、安心してキスに没頭できますね。

コンドームは少し多めに準備しておくといいですね。男女どちらが準備してもいいのですが、相手が忘れてきた場合や足りなくなることを考えると、双方が準備しておくと安心です。ラテックスアレルギーやサイズの大きさで使用できるものが限られている場合は、余裕を持ってネットで買っておくなど、早めの準備が必要です。また、コンドームはお財布に入れて保管すると劣化しやすいので専用のケースに入れておきましょう。

セックス中の女性の痛みについて本書では何度も触れてきましたが、摩擦で腟が痛くなることは本当によくあるため、コンドームと潤滑剤はセットで準備しておくといいと思います。こちらも女性が自分で準備しておくといいのですが、いざというときに備えて男性にも自宅に置いてもらうと安心です。

意外と盲点なのがシーツと枕カバーです。ちゃんと定期的に洗濯していますか。モテる男性の自宅にお邪魔すると洗いたてのシーツに替えられていることに気付くことがあるのですが、洗いたてのシーツは肌ざわりも香りもとてもよく、快適に過ごしてほしいという気遣いを感じます。

人は就寝中に大量の汗をかきます。特に枕には汗や皮脂などがたっぷり染みついて酸化していくため、数か月に一度しか洗っていないものは直前に洗濯しても蓄積した匂いを感じることもあります。パジャマと同じようにシーツや枕カバーも頻繁に洗って、匂いを蓄積しないようにしましょう。そのほうがご自身の快眠に繋がるはずです。

セックスの知識さえあれば、プレッシャーを感じることも、性感染症を恐れることもなく、楽しむことができます。ぜひパートナーとも共有して、セックスの話をするきっかけにしてください。

おわりに

本書を読んでくださった方のなかには「本当にこんな基本的なことでセックスが変わるのだろうか」「もっと目新しいテクニックが知りたかった」と思われるかもしれません。

しかし、セックスは基本こそが大切です。経験が増えて自信がついてくると、ついついわかった気になって、セックスの基本である「コミュニケーションを取りながらふたりで一緒に気持ちよくなる」ことを忘れてしまいます。

「相手を気持ちよくしてあげるためにテクニックを身につけたい」と思うことは素晴らしいのですが、頭の中にある引き出しが増えるほど、テクニックのお披露目会になり、相手の気持ちよりも「テクニックで相手を喜ばせた」という承認欲求を満たすことが目的になってしまいます。

これは私も身に覚えがあり、斬新なテクニックを身につけるために、わざわざ海外からテクニック本を取り寄せたり、インドのカーマスートラ、中国の房中術などの性典について調べたりと、必死になっていた時期がありました。
そんな時にある男性から「ＢＥＴＳＹってひとりだけの世界に入るよね」と言われました。初めは愛撫に没頭していることを褒められているのかと思っていたのですが、「サービスを受けているみたいで楽しくない」という意味だとわかったとき、ひとりよがりのセックスをしていたことにショックを受けました。

セックスは自分のテクニックを披露するためのものではないし、相手のテクニックを求めるものではありません。目を見て、言葉を交わして、体をまじえて、お互いを理解しようとすることに興奮するし、感動するのです。

本書で紹介した言葉でコミュニケーションを取る方法、女性の体の構造と繊細さを知り、的確に刺激する方法を知っておけば、斬新なテクニックなど身につけなくとも、女性を十分に感じさせることができます。

もっとセックスを充実させたいと思ったときこそ基本に戻って、目を見て声をかけることを意識してみてください。心身共に満足できる素敵なセックスになるはずです。

最後に、本書の制作を企画し、最後までサポートしてくださった扶桑社の犬飼孝司さんに深くお礼を申し上げます。

BETSY（べっつぃー）
コラムニスト。実体験をもとにしたセックスやマスターベーションに関するコラムを執筆。ハウツーアダルト動画の監修や女性向けの性生活に関する講座の共同開催など「性をヘルシーに語る」活動を行っている。Twitter：@BitchyBetsy

監修／喜田直江（きだなおえ）
2001年、京都府立医科大学卒業後、産婦人科に従事。2003年に形成外科医として、2006年には大手美容外科にて美容外科・美容皮膚科全般を習得。婦人科系の美容手術は日本でも有数の症例数を誇る。2011年、美容婦人科治療専門のなおえビューティークリニックを開院。同院の院長を務める

扶桑社新書 439

新しいセックス

発行日 2022年9月1日 初版第1刷発行
2024年8月10日 第3刷発行

著　　者………BETSY
発 行 者………秋尾 弘史
発 行 所………株式会社 扶桑社
〒105-8070
東京都港区海岸1-2-20 汐留ビルディング
電話 03-5843-8194（編集）
03-5843-8143（メールセンター）
www.fusosha.co.jp

DTP制作………Office SASAI
印刷・製本………株式会社 広済堂ネクスト

Printed in Japan　ISBN 978-4-594-09198-9